紫微斗數 | 實用系列

拾紫斗玄

月亮說

天翼 著

天翼簡介

天翼出生於香港，自小對預測學有着濃厚的興趣，
尤好紫微斗數、子平八字、玄空風水。
鑽研術數三十餘年，得數位明師心傳後，
博覽群書，集古今命理之學予以現代化，提倡紫微斗數
「非單星單宮單論」、**「四主星論」**、**「斗星三吉、三凶」**、
「紫微心易」、**「斗數風水法」**、**「斗數平衡要訣」**、**「斗數化卦」**、**「紫白斗數」**，
以科學角度打破傳統迷信的命理範疇，自成一家。

認為術數重點在於**「催吉」**而非**「宿命」**，希望發揮術數對人類催吉減凶的作用。
以人類的性格傾向、處身環境、先天運氣作基本，來預測運程的走勢，
打破以往術數只是宿命和認命的錯誤觀念。
更將術數與宗教分開，反對時下江湖術士宣揚妖言惑眾的迷信色彩。

筆者以「天翼」為筆名，「天翼」是代表天空中的翅膀，
在天空中自由自在地飛翔，筆者的真實姓名父親賜一個「翔」字，
所以用來作自己的借喻。而易學是術數的根源，
每一門術數都與易學有關連，而「翼」與「易」同音亦可借意。

術數是無邊界的，就如天空中的飛鳥一樣，可以愈飛愈遠，
越過高山跨過峻嶺又到另一境界。「易」是不停的轉變，
作為一個術數研究者必須不停地提起腳步向前行，才不會枉費這門絕學。
筆者使用「天翼」這名字亦希望提醒自己，
術數如天空中的飛鳥，不停地尋覓新的境界！

曾參與的玄學項目

網站

天翼術數研究中心
http://www.facebook.com/skylightfy

紫微斗數排盤～電腦、網上及 Apps 版本
http://skylight-hk.net/forum/forum.php

紫微斗數著作

《雙數》
《言微記實》
《第三者》
《事晴事雨》
《一百萬》
《風水萬歲》

《揭斗數星訣》

《三合派紫微斗數》

《時緣問份》

玄學節目

2000 年亞洲電視台女人.com「天機龍門陣」。

2001 年 hongkong.com「驚青十三」現場直播玄學節目。

2002 年愉景灣「美好人生嘉年華」現場批算。

2002 年至 2016 年香港書展「術數座談會」。

2003 年香港旭日扶輪社演講術數及玄學。

2003 年香港電台「風騷快活人」節目訪問及現場批算。

2004 年香港電台「開心日報」節目訪問及現場批算。

2004 年至 2007 年香港人民廣播電台「玄學天地」節目，擔任主持，接受訪問及現場批算。

2008 年香港人網「玄學 123」節目，擔任主持，接受訪問及現場批算。

2008 年香港人網「人氣在線及恐怖在線」節目，擔任嘉賓主持，接受訪問及現場批算。

2008 年香港工展會紫微斗數講座。

2009 年 ourradio.hk「Meoow Guide」節目接受訪問。

2010 年「街工」紫微斗數講座。

2011 年 uonlive.com「仙履奇玄」節目接受訪問。

2011 年及 2012 年接受《晴報》訪問。

2015 年新城電台「我有夢想」節目接受訪問。

2016 年 Hotels.com 飲食男女流年生肖運程及旅遊宜忌。

2016 年大埔超級城十二生肖流年講座。

2016 年元朗廣場十二生肖流年講座。

報章訪問及玄學文章

《青年人雙週報》「記塵集」專欄

《風水天地玄學雜誌》

《玄機風水雜誌》
《TVB 周刊》
《東方日報》
《太陽日報》
《蘋果日報》
《晴報》

玄學課程

1997 年至今定期舉辦紫微斗數課程。

天翼術數研究中心

地址：九龍彌敦道 337 號金滿樓 7 樓 D 室　電話：9319 2097

月亮序

夜月迷人令人勾起思緒、回憶。

壬午水馬日，立冬，值日巽卦，胃宿，危日，六白入中，

流日遇太陽星，流時遇太陰星，月明星輝。

有涼意，穿了長衫坐在藤椅上，紅酒伴我遠望星空。

星月爭輝，黏貼在黑藍色無際的天空上，
猶如我的一生經常披星戴月。
每到某些時刻，屈指間，他給我指引，潛入各心深深處，
尋找答案，解開疑團。

這晚，此時此景，星月迷人，悠閒自得，
紅酒領我搭上微黃色的時空。

月影漸漸朦朧，星光忽晴忽暗，隨月隨星光影任遊太虛。

忽然間，星群在我眼前閃亮，
唯獨一點突亮的光線高速地奔馳。
閃爍閃爍，如時光倒流，
帶我回到過往拾紫之路，九段緣點的時間軸內。

回憶篇

……時間留下玄學痕跡

九段緣點時間軸的前後

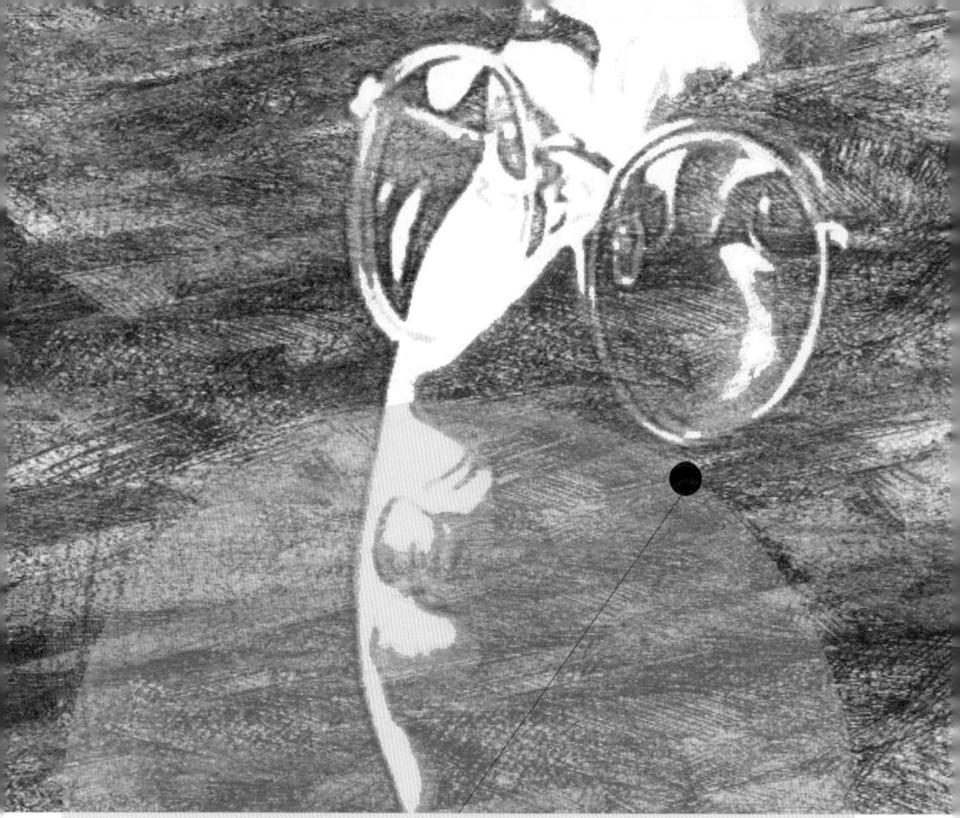

雙數

一・緣

當年的重要決定，建立了
九段緣點，印證及實踐了術數
用在設計人生的可行性。
是緣點、原點，亦是圓點。

言微記實

二・緣

當命盤遇上火曜，科文拱照、天魁及天鉞到位，讀者回響不少，在外間推廣的活動也陸續增加。後學者多次來信，追求探索紫微斗數的心熱騰騰。曾提醒過自己，若繼續有機緣出版術數書本，必言之有物，免讀者們兜圈子。

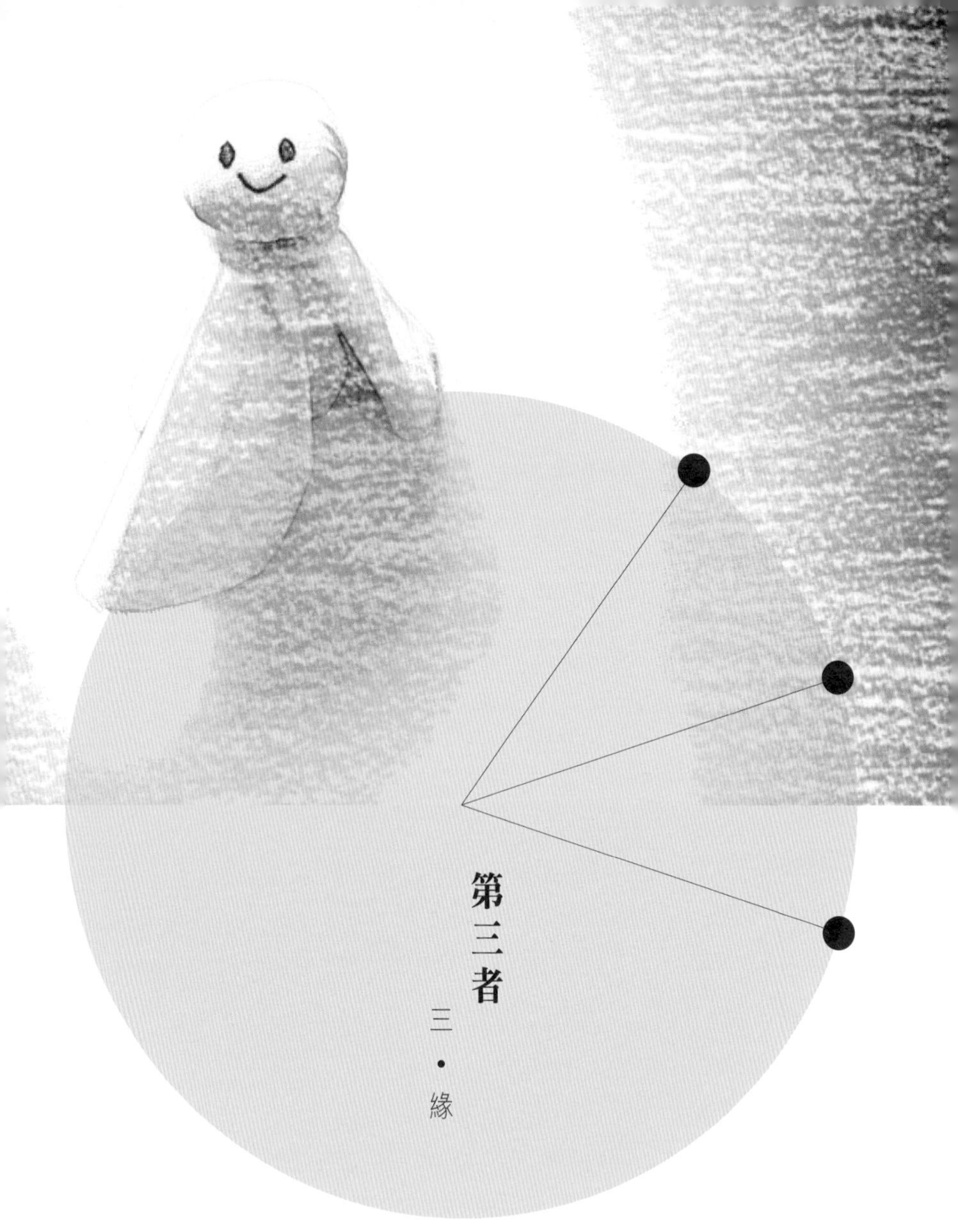

第三者

三・緣

忙，是我一生的特色，也是我生活的一部分。

紫微斗數隻影不離，

他義不容辭走出來，為我分擔及解決問題，

日日夜夜互傳心聲。

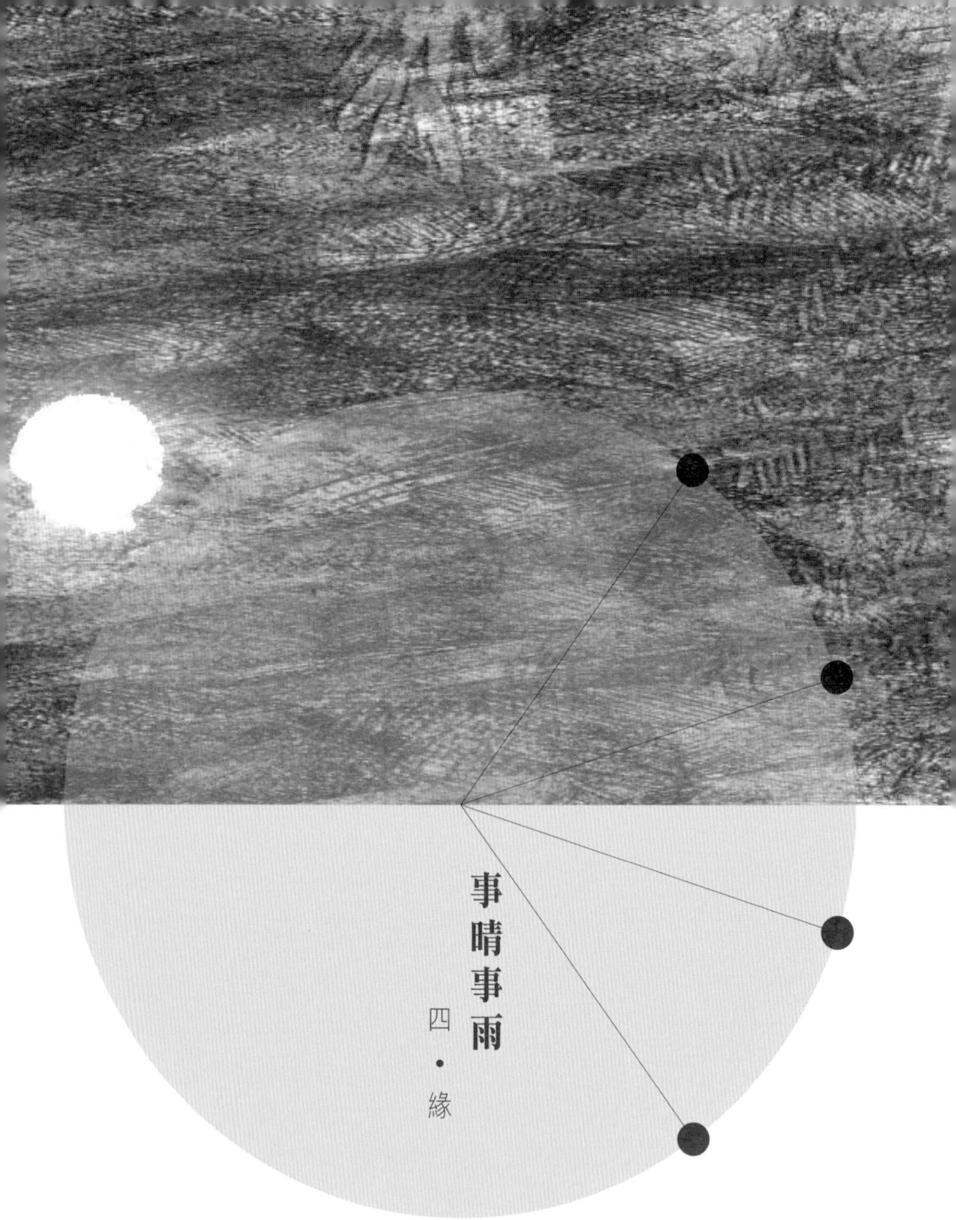

事晴事雨

四・緣

說起來我與電台及互聯網也有點緣份。

當時在開咪前後，談天說地，彼此暢所欲言的笑聲。

到今時今日，偶然耳內回響。

很想問候各位，笑聲仍在嗎？

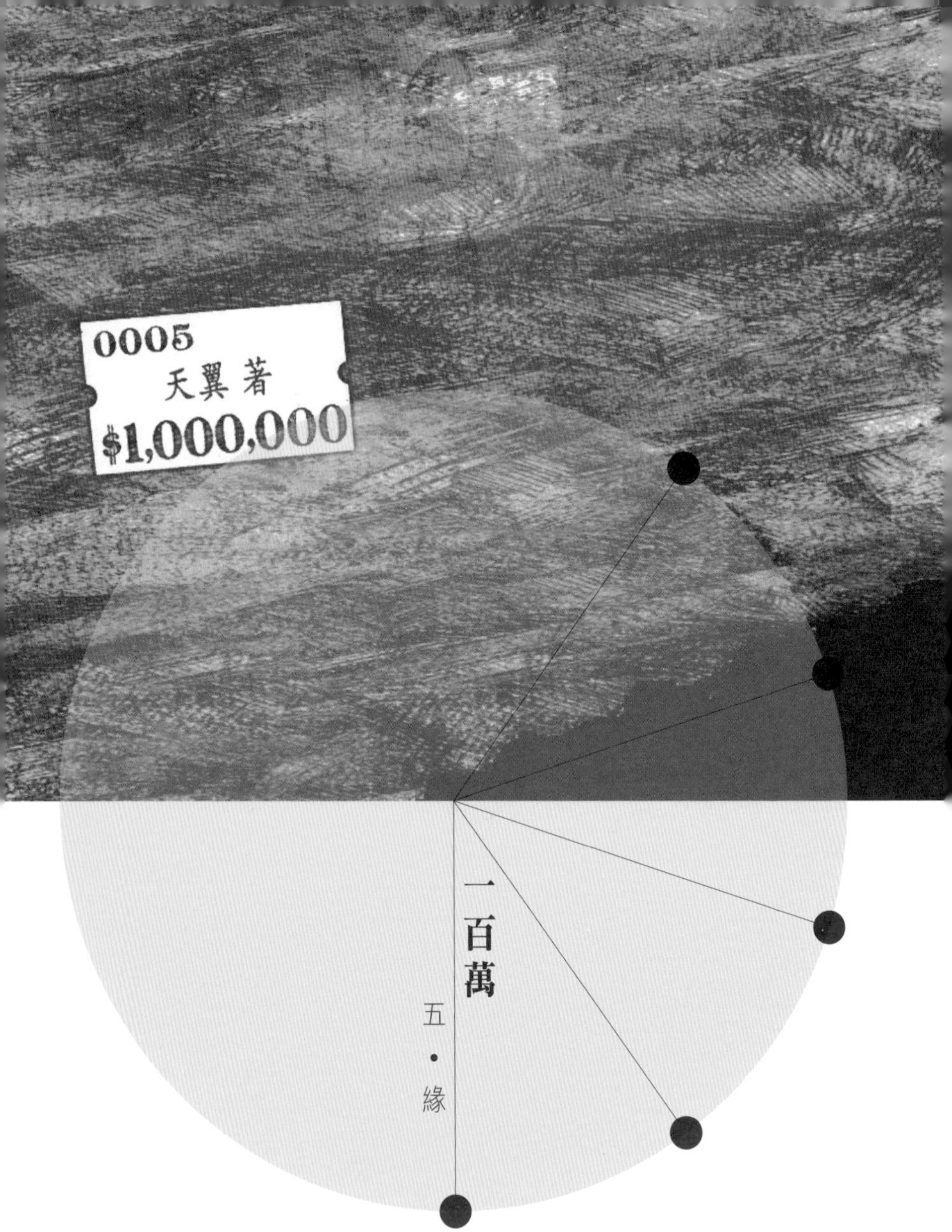

0005

天翼 著

$1,000,000

一百萬

五・緣

十指下的紫微心易日記，

除了記錄面對客人時，如何施展紫微心易來預測之外，

也留下我派斗數的占卜法門。

在眾目睽睽之下，刻畫不可忘滅的印記。

風水萬歲

六・緣

紫微斗數運用在命理上，有很多人知道。

紫微斗數運用在占卜上，真正了解的人已經不多。

紫微斗數運用在風水上，知道者更為罕有。

在有生之年希望能將紫微斗數的全功能介紹給大家知道，

這個心願又邁向一大步。

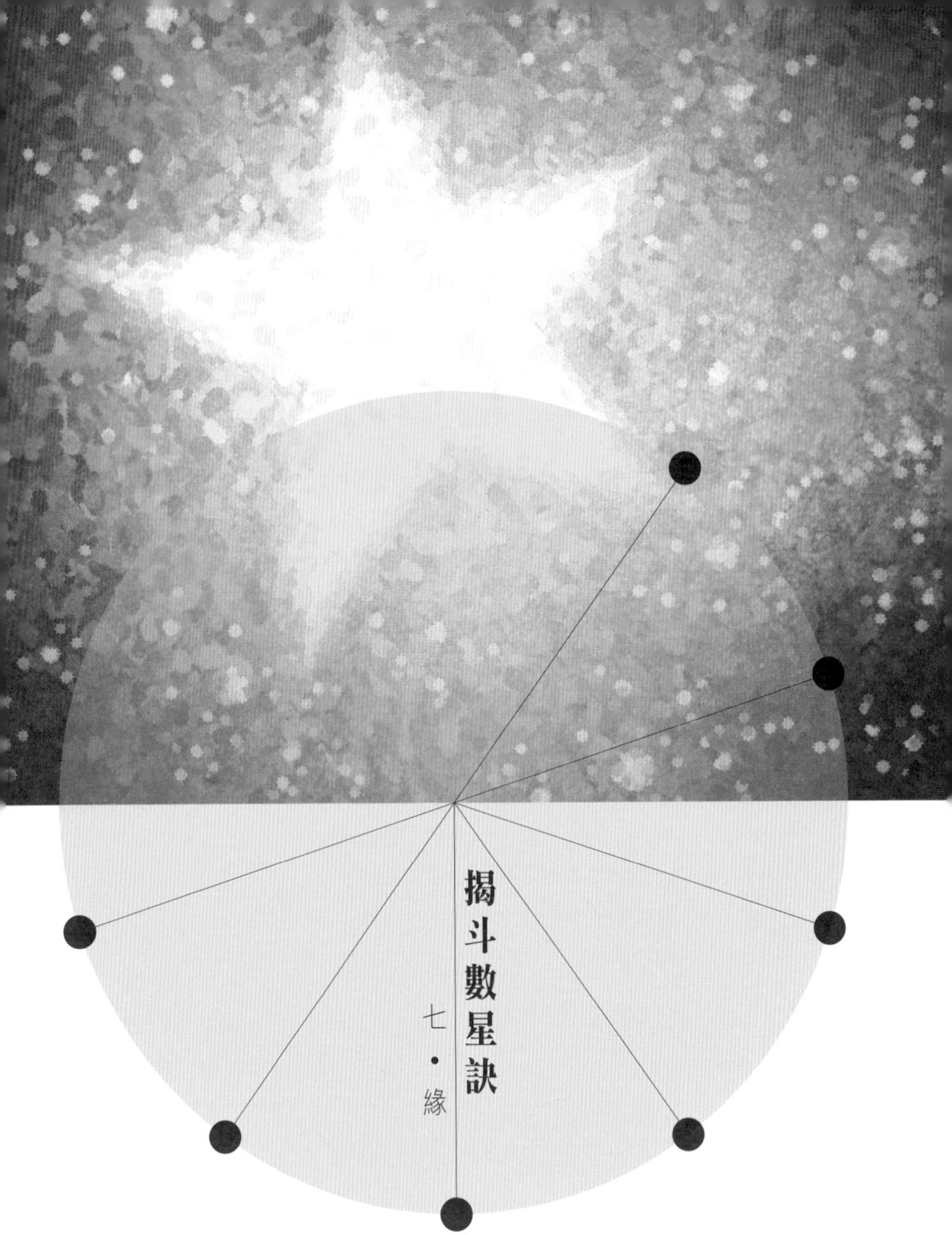

揭斗數星訣

七・緣

戊子土鼠年，貪狼化祿引動殺破狼架構，祿忌交纏，
遇上準備轉運之時，同時生活上起了衝擊。
轉運之時，7字的衝擊踏上緣來緣去的路。

感謝，貴人牽引！

感謝，紫微斗數陪住我，
渡過冬天的冷，陽光的暖，月圓月缺的不同歲月。

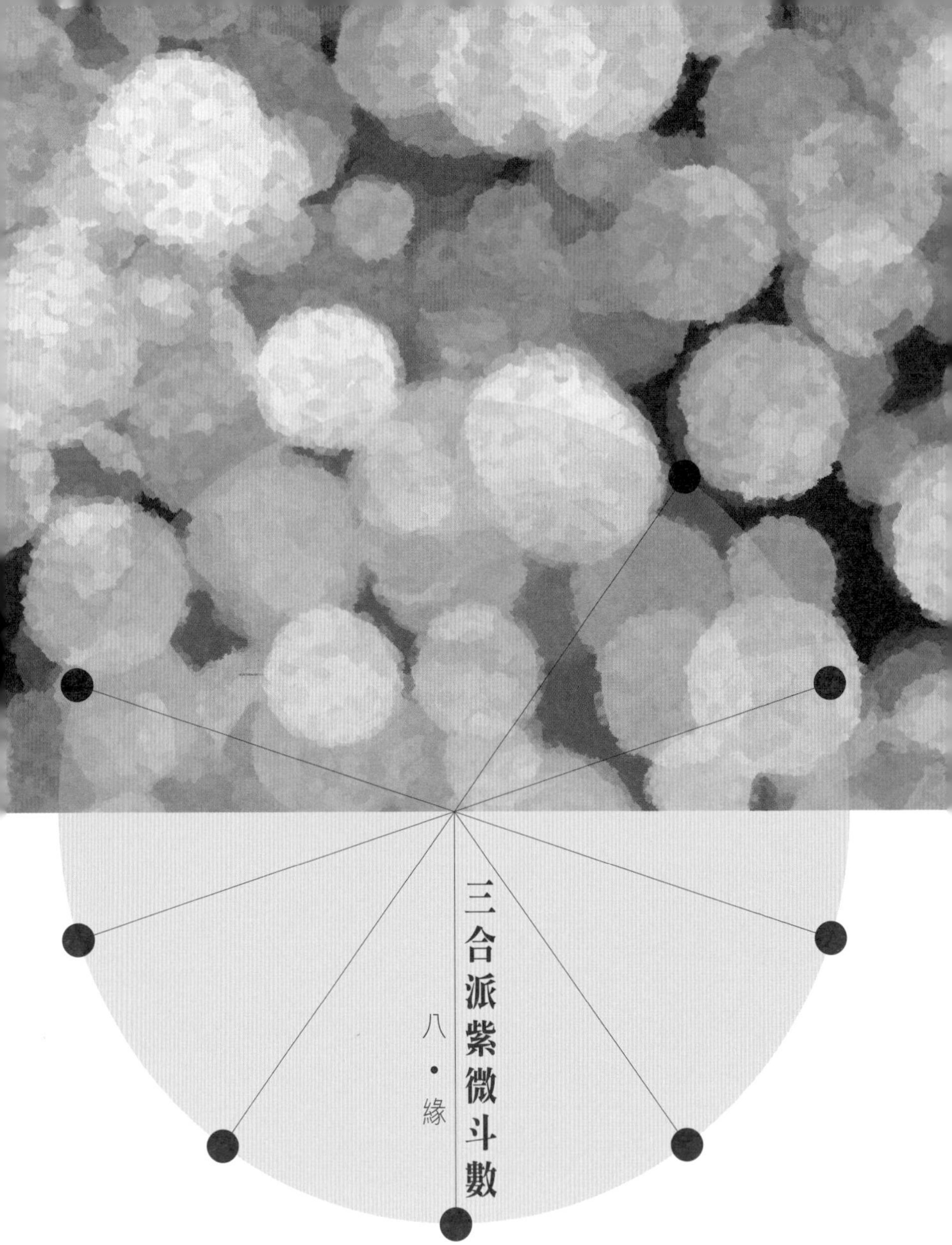

三合派紫微斗數

八・緣

A君對我說：「會用十年時間學習紫微斗數。」

B君對我說：「很多謝紫微斗數，能幫助我選擇適合自己的方向。」

C君對我說：「繁忙的工作之餘，學習紫微斗數覺得很relax，很享受。」

回想起很久之前，我有幸遇上紫微斗數。

聽到上述學習斗數者誠意的心聲，作為推廣紫微斗數者，又怎會將心得只收藏於篋底，眼白白令他們兜圈子？

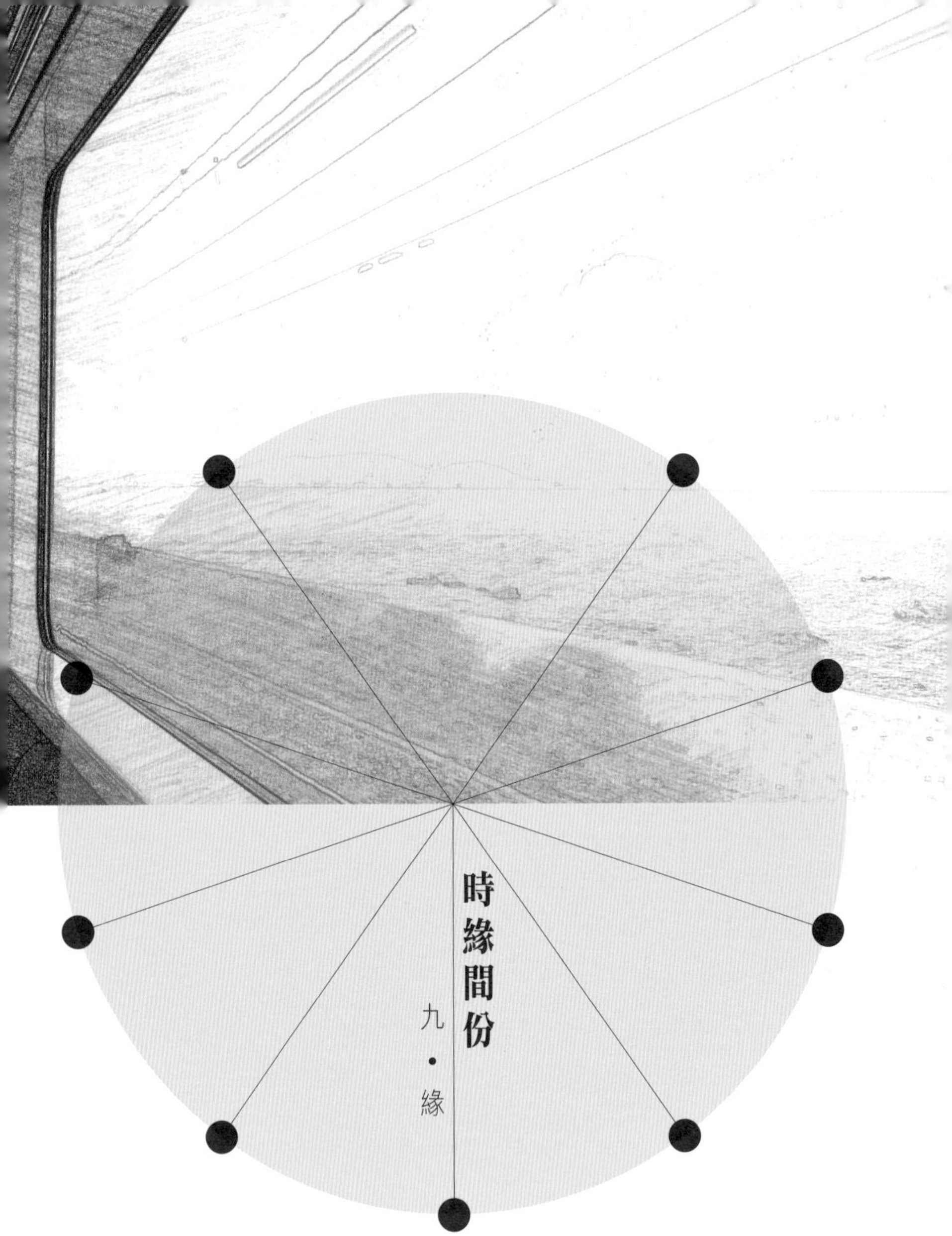

時緣間份

九・緣

二〇一五乙未木羊年踏上在第九段緣點的時間軸，

《時緣間份》在穿針引線，

將時間、設計、音樂、回憶、朋友、

同好、學員、客戶、斗數重疊在一起，

將人們以為與術數沒有關係的元素，自然地物以類聚展示。

很喜歡這段緣，多謝多謝各方的人、物、事！

他／她／它們為書本留下有聲音的文字時間。

拾紫斗玄

十・緣

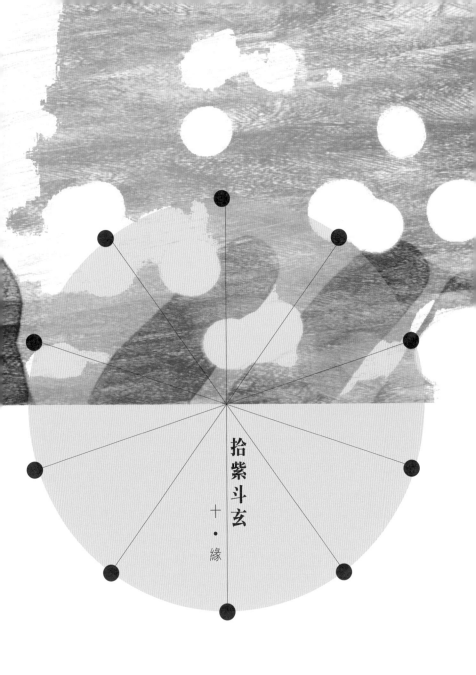

月亮對我說：

有些不能忘滅的……想得到你們鼓勵。

各位有緣人，繼續建立下去好嗎？

至此，突然很想你／妳……！

雙數一•緣

當年的重要決定，建立了九段緣點，印證及實踐了術數用在設計人生的可行性。是緣點、原點，亦是圓點。

從事設計行業及懂得術數後，已經很想令眾人明白紫微斗數的功能。坊間沒有確實地全面運用，斗數的真正世界何時能衝出鳥籠？而且一直在想，設計與術數是可以融為一體，很生活化的運用。於是拿起決心，放棄曾學習及運作已久的美感世界，實踐踏上命理之路。

白天消逝，繁星天際，看見另類光輝。巧遇網台及電視台的青睞，首次及開始在大眾傳媒中推廣紫微斗數。

而當時間軸踏在二〇〇二壬午水馬之年時，壬干流年天梁化祿，坊間誤傳的劣評四化，我卻因為他得來不俗的機遇，完成我人生其中的一個夢想，《**雙數**》面世。

《雙數》用了當時術數叢書中，比較大膽、罕有的設計風格，滿足了，
曾經很想別人知道，術數書的設計仍有很多的可能。
設計界大師靳埭強先生，著名女作家深雪給《雙數》序文，
使設計與術數及雙數的愛情主題更融合。

每個故事設計師給予有生命的插圖，挑起曾棄畫筆多年的我，
膽粗粗地逗留一會，留下筆跡，獻醜了！

更開心的是，合作製造《雙數》的出版社主管、編輯及工作人員，
成為了日後好友，書本以外還有很多話題，彼此能暢所欲言。
很記得，很記得，在出版社的會議室內，
初次接觸很健談的 Ivy 及穿黑色襯衣的 May，印象深刻。

當天的日記便留下「緣點」的印記。

《雙數》最終能獲設計獎項，設計與術數真正的融入生活之中，真是感恩，多謝各位貴人。

第一本紫微斗數著作，我刻意暗藏玄機，留下蛛絲馬跡，希望除了滿足喜歡術數故事的讀者外，更能令同好發現更多秘藏訣竅。

回想起曾在字裏行間留下的重點概念，望讀者在書本中能發掘出來。

先天機緣，後天選擇。

盤式與緣份有切肉不離皮的關係。

堅持用十二基本盤，不可將十二基本盤，化為六個盤，再化為三個盤的重要性。

十二位置，十三宮垣。反對單星單宮單論。

廟旺平陷絕非用來看吉凶。

在推算命盤時應由大局及立體觀念下手。

四主星在命盤擔起很重要的角色。

先後天宮垣的不同，更確立三代論的運用法則。

吉凶位置，疊星訣如何真正一起運用。

更提出姓名與命盤有秘密關係，引致近幾年間後學不斷追尋這些學説。

而**斗數卦及紫微心易**亦初露曙光，

掀起日後同好對紫微心易的重視，

後來開辦的紫微心易班，各學員的踴躍及熱情的學習，

真的沒有枉廢這門絕學。

這些文字痕跡，偶爾回看，不少殘留影像盤旋紛飛。

言微記實

二・緣

當命盤遇上火曜，科文拱照、天魁及天鉞到位，
自從二〇〇二年《雙數》面世後，
讀者回響不少，在外間推廣的活動也陸續增加。

屈指一數，由一九九六年至今，曾經有一刻間，
出現在各媒介。
各大報章刊物：（《TVB 周刊》、《婦女與家庭》、
《青年雙週》、《風水天地月刊》、《新玄機雜誌》）。
各大傳播媒體：亞洲電視、香港電台、
網台（hongkong.com）。
各大型活動：香港書展、嘉年華會、香港工展會、獅子會。
更被訪問及擔演玄學節目嘉賓或主持。

推廣後產生不少反應，後學者多次來信，
追求探索紫微斗數的心熱騰騰。

由於我懂得的紫微斗數與坊間有不同，不需要問事主往事來定盤，就能開始推算，
使學習者知道，紫微斗數仍有很多即時批算的可能。

曾提醒過自己，若繼續有機緣出版術數書本，
必言之有物，免讀者們兜圈子。

於是在讀者的熱誠推動下，
我的第二本的著作是全學理的紫微斗數**《言微記實》**，
就在二〇〇三癸未年熱騰騰的氣氛下誕生。

書內有誠意地公開了當時坊間未曾出現過的資料：

紫微斗數定位架構。

四主星系的定位架構。

六十星系定位架構。

六吉星定位架構。

星曜六合定位架構。

斗數星曜的陰陽體系。

星曜與時空產生的定位意義。

空宮的真理。

夾宮的力量。

廟旺平陷的理解。

神煞在斗數的地位。

太陽時應如何處理。

定盤中的天、地、人盤、南盤、孖胎盤，留下日後各派變盤的學理路線。

共盤不是斗數的問題。

「數」、「理」、「象」是推算紫微斗數的強心針。

這是學習紫微斗數者不可不知的基礎原理，坦蕩蕩的以文字及圖表說明。

這些紫微斗數學理，到現在仍有不少同好在討論及追求。

除了著書立說之外，仍然身體力行。

記得癸未年炎夏之時書展後，

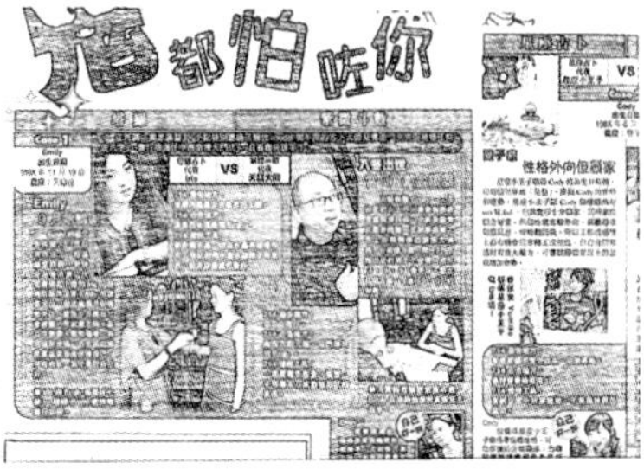

《蘋果日報》邀請五位不同類型的術數師，
作中西星相家訪問，
包括西洋星座、面相、塔羅牌、
生命密碼、紫微斗數、易卜。

事前各位師傅並不知道是什麼型式的訪問。
當各位到場時，
才知道是為素不相識的問命者現場批算。
記者們在旁，現場攝錄這真人真事。

現場批算我是有經驗的，
但在相機及錄影機不夠五本書的距離、
閃閃亮光下批算，這是第一次了。

問命者 Emily 坐在面前，她是膚白，眼神靈動，面帶笑容，長髮紮成馬尾，
穿紅色間條背心的少女，我以紫微斗數來為她批算。

她沒有説想問什麼主題，我便依盤直斷。

她主星是天府，月數入冬，土星衰弱被煞忌纏繞在疾厄宮，可知容易患上消化系統、腰痠背痛、婦科等疾病。

官祿宮文星見單，吉星隱而不現，在學業或工作上與同僚欠缺溝通。

批斷説出，Emily睜大眼睛，給我一個微笑。

即繼續問，姻緣方面呢？

心想哪個少女不關注感情呢！

而命盤顯示流運夫妻宮遇武曲，批斷2字尾年份出生的男士不合襯，4、8、9字尾年份出生的男士會更好。

她聽了後再給我一個微笑。

心想真是喜歡微笑的女孩。

又再追問，有什麼可以增運？

主星是天府，土星衰弱，在整體的一生來說，家宅對她的影響較大，特別是她的田宅宮遇見文昌及文曲，批斷0及5字尾樓層的樓宇必有利於她。

她又再給我一個微笑，連說多謝。

Emily望望記者，示意是否OK，記者點頭並給OK手勢。

完事了，正準備收拾用品，突然從遠處走來另外一位記者，問我可否做多一個批算，但要用另一門術數。

雖然我懂得多門術數，但別人認識我多數是因為紫微斗數，所以我回覆，當然可以。

於是從旁邊走來另一位少女 Miik，她長髮披肩，穿粉紅色襯衣，擁有會笑的眼睛，在我對面坐下來。

她也是沒有說想問什麼主題。

這次我以銅錢卦化斗數（紫微心易），即是以**「三錢落地，斗數顯」**的口訣心法起出卦盤直斷。

銅錢心易卦盤，乾之夬，上爻父退，斗數化卦為紫微在子局，太陽入平垣化忌與天梁入平垣同宮在酉位。

官爻無沖無刑，疾厄宮零星落索，木星入陷垣臨濕水之地，則射弱煞，只是肝臟較弱吧，健康應沒有大問題。

夫星遇雙祿朝拱，化科入垣，將來配偶痛愛有加，只是肖牛、蛇、豬生肖者性格不適合 Miik，忌選擇。

父星暗淡無光，煞忌互引，陰星呈現，遇上流年喪門、昌曲沖引，於是問 Milk 父親是否不健在？

Milk 垂頭說出：竟然測到家父去世之事！

占卜果然準確！

我亦點出其他趨避之道！

翌日報紙出街後，刊出問命者們一致好評，更傳來不少留言及來電談及此事。

心想，雖然我懂得多門術數，但為了推廣紫微斗數，在大氣電波 online 批算、電話傾談批算、網上文字批算、大型活動眾目睽睽之下現場批算，全是涉及用紫微斗數的。

使紫微斗數與平民百姓、達官貴人、知名藝人……等等拉近距離，同時能使紫微斗數在不同場合，不同階層人士身上發揮不同的功能作用，跳出被同行認為紫微斗數只是框內術數之名。

心想總算為紫微斗數出了綿力，「**言微……且……記實**」了。

*ISH 雜誌訪問《言微記實》書本設計師，《言微記實》也曾在ISH 雜誌出現！

第三者

三・緣

忙，是我一生的特色，也是我生活的一部分。

之前美術、設計、音樂伴我忙碌，之後紫微斗數形影不離。

無論是私人事務、客人問題、讀者來信或是朋友求助，

他也義不容辭走出來為我分擔及解決問題，日日夜夜互傳心聲。

陸陸續續有很多人來找我，問感情事也愈來愈多。

可能是第一本著作《雙數》，描述過不少感情個案的關係吧！

而在我的玄學生涯中亦遇過很多愛情個案，其中涉及「第三者」情況確實不少。

但很特別的是，不少愛情個案指出，其實三方可能同時間擁有近似的身份。

是某段愛情上的某某，也是某段情感上各不同角色的第三者。

如A君與B君原本是情侶，出現了C君，吸引了A君。

後來A君與C君走在一起，但A君沒有正式與B君分手。

其實A、B、C君，誰是真正的第三者？

在不同觀點、立場，可有不同的答案。

第三者是可以從不同的時間、角色或角度來代入，如莊周夢蝶！

一剎那間，不知不覺你／妳已交換了角色，身份對調！

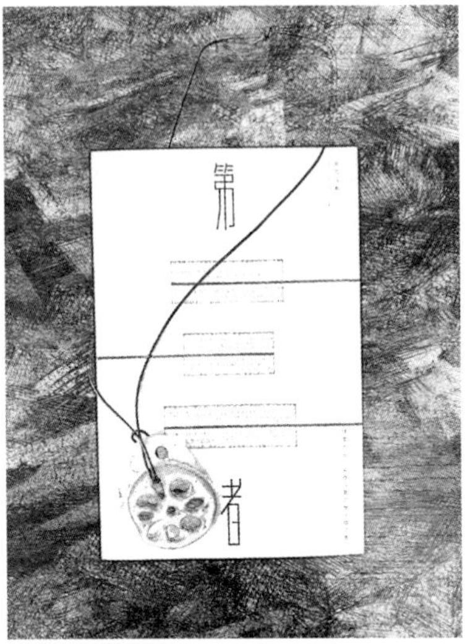

身為術數師，需要明白以上道理，

紫微斗數與我需要潛入事主的內心世界裏面。

用客觀的角度來剖析及推測，

使事主得到最後的答案。

當年就用了**「第三者」**這直接的名字，

作為二〇〇四年著作的書名。

甲年，廉貞化祿，次桃花為密碼，

留給讀者追索紫微斗數的心法痕跡。

在《**第三者**》一書中，紫微斗數與我亦扮演了很多不同的角色，望大家明白處理事情，是需要用不同的角度來思考及判斷，非傳統的一句好運及厄運這麼武斷的言詞條文吧！

在書中……

我／紫微斗數是玄學師傅

書內為讀者們利用紫微斗數的角度來分析及預測事情。

我／紫微斗數是訪問者

訪問不同階層的人，當面對第三者事情時，會如何選擇及處理。

有面談訪問，亦有電郵訪問。

得來的答案，到今時今日，有些事主如書本的訪問回覆一樣，亦另有一些剛巧相反……！

我／紫微斗數是讀者

請來著名作家俞若玫小姐寫序。
在寫序文前她問我為什麼想她寫序文，當時只給她一個微笑。
事實，我是她讀者，很想她在我的書本留下金句。

我／紫微斗數是探測者

曾經進入你／妳內心，尋找出你曾經擔演了什麼角色。
對於你／妳關心的事情，是有正面或負面影響。
從第三者中立的角度，剖析出來。
書內特設十個訪問，十個故事。
看過書內的訪問，讀者會感覺自己是訪問者？或是被訪問？
當你／妳遇上這些問題時，會如何回答？
曾被訪問者的心聲留言，答案又會否是日後的事實？
十個故事，故事中有故事，最後又可看成一個大故事。
獨立的故事亦是大故事的一部分。
如莊周夢蝶，從「第三者」角度看感情。

昨晚時間過得很快，但是腦海中互相擊蕩的畫面是認識她以來最多的。

自我安慰地說：「努力過等於開心過！」

戀戀不捨，但是到了要説再見的時候，
臨走的一刻握着她柔弱的手再次向她祝賀，她微笑點頭。

我以輕鬆的語調對她説：「我還有沒有機會？」

沒有等她回答，假裝瀟灑轉身便走，
背着她揮手説再見，不想她看見眼框濕透的我。

漆黑的天空，沉默無聲，找不到一顆星星，
好像注定要我獨自靜靜地渡過這個午夜。

有讀者來信，説這情景就是他的寫照！

他是其中的一個故事？或是大故事？

可能你／妳也曾經涉及，成為書本內某角色！

紫微斗數預測感情事的方法有很多，要指定角色來反映愛情事，的確是須要一些技巧。

其中的心法要竅，就是要懂得尋找故事中的**你／我／他**，否則第三者難以現形！

若干年後，回望曾留下的「第三者」字句，相信已有後學者悟懂了！

二〇〇四年除了每年的香港書展「術數座談會」之外，

亦上了香港電台名DJ車淑梅節目「開心日報」，被訪問及作現場批算。

而秋季期間被邀請在香港人民廣播電台開咪，

開始「玄學天地」節目，擔任玄學主持，接受訪問及現場批算。

「玄學天地」是網台節目，
雖然規模不大，但自由度很大，
抹走不少商業元素，
真真正正有長時間給紫微斗數坦蕩蕩的表白。
「玄學天地」節目由二〇〇四年十月開始，
至二〇〇七年結束，留下很多不同的畫面。
在網台結識了不同的主持，
有志向的Ray。
充滿笑容的Kelly。
清純的草菇。
自薦主持Vicky（由現場嘉賓變成節目主持）。
有份量的肥仔。

而在周年節目，與我有緣的紫緣，
到節目親口說出紫微斗數如何幫助她走出鬼門關。

亦師亦友的周公子，亦曾經在節目中出現，為節目帶來不少動力和留下不少歡樂片段。

「玄學天地」是錄音節目，每星期播放一次。我們風雨不改，就算是遇上長假期，也要預先錄音及邀請現場嘉賓。

每集節目，分為三個環節：回覆網友問題，主題傾談及現場嘉賓批算。

一個星期的 email 來信，用玄學及紫微斗數的角度回覆網友，希望廣大市民明白更多。

而我和主持盡量發掘不同的主題。屈指一數，大約也有九十多個主題了。在對談中，帶出各人及玄學對主題有不同的觀點，希望各網友能從多方面了解。

現場推算，可以說是整個節目中聽眾最有反應的環節。曾經有人質疑過，現場嘉賓的真實性，但我可以老實對大家説，現場嘉賓事前我是不認識的，是網台工作人員預備的。只是在開咪前取了他們的出生資料後，以九秒九的方式閱覽命盤，到開咪時便直斷。

我特意用紫微斗數來批算，希望讓聽眾門知道，紫微斗數是可以用作現場即時批斷。

各網友不知，其實開咪時只批斷了 1/3 或 2/3，錄音完畢，咪後仍為問命者解答疑問。

不時聽到問命者的美言稱讚，笑口點頭答謝。

而我的內心總是在想，

對於紫微斗數的推廣又行前一步了。

在「玄學天地」節目中，點對點，是內觀外或是外觀內，

在不同的時間空間，

帶着不同身份，為事主尋找答案。

如第三者般，穿越各人、物、事的內心深處去了解。

讓大家知道，術數的確是可以預測、剋應、趨避

及選擇來設計人生的！

現在偶爾在網上搜查，也發現曾留下麟片畫面！

事晴事雨

四・緣

說起來我與電台、電視台及互聯網也有點緣份。

自從一九九五年後，在機緣巧合之下，除了每月在玄學雜誌撰寫術數文章之外，每星期也會為當時某大型的互聯網網站發聲，撰寫玄學文章、為網友網上批算紫斗數解決疑難。

二〇〇〇金龍之年，在無人脈介紹下，亞洲電視台來電找我做女人.com節目**「天機龍門陣」**環節。與主持曾華倩小姐及幾位玄學師傅以不同的術數坐鎮。面相掌相的鄺偉雄師傅，塔羅牌的姚安娜小姐，鐵板神數的侯天同師傅，我亦以紫微斗數師傅的身份，在節目內出現。

二〇〇一金蛇之年，當時剛剛 hit 起的網站 online 節目，
我亦將紫微斗數帶到各觀眾面前。
Hongkong.com 的 online 節目**「驚青十三」**中，
亦結識了貓姐、現在經常在泰國的胡慧沖、DJ 路芙、
魔術師 Eric……等等人。

可能就是這些緣份，伏下在網台大熱之時，
當上了網台玄學節目主持。

「玄學天地」網上玄學節目，由二〇〇四年十月首播，
至二〇〇七年一月，共有一百多集，
穿越大約兩年多的光陰。

「玄學天地」的內容十分豐富，每星期設有不同類型而很生活化的主題，
我與主持、嘉賓傾談，表達出各人不同的看法，
從中透露出紫微斗數在這些主題中有什麼功能，對事主有什麼幫助。

每星期回答讀者來信，問及預測運程或是探索紫微斗數學理。
不想面談，在大氣電波中與聽眾電話批算，也無限歡迎。
也有請來或自薦的問命者、名人、藝人作嘉賓，
在有限的時間內利用紫微斗數為他們批算。
每年最令人關心的香港運程預測，當然是不可缺少的環節。

為了推廣紫微斗數，打破坊間以往戴有色眼鏡看斗數的疑惑。
希望聽眾能真正了解什麼是紫微斗數，他並不是隱而不吐，妖言惑眾，
只在賣弄高調子的偽學；在有限的資源下，努力地耕耘，做好節目。

隨歲月流逝，「玄學天地」留下很多回憶。

當時在開咪前後，談天説地，彼此暢所欲言的笑聲。

到今時今日，偶然耳內回響，很想問候各位，笑聲仍在？

雖然現在成員們各有發展，但慶幸曾經享受過、擁有過，也是回味。

當時在節目中大部分問命者關心的人生主題，除了愛情之外，
事業及錢財也是問命者經常掛在嘴邊的，
因此二〇〇五年的第四本紫微斗數著作《事晴事雨》及
二〇〇六年的第五本紫微斗數著作《一百萬》，應運而生！

《事晴事雨》是集合歷年來，其中遇過具有代表性的事業個案，
當問命者面對事業疑慮時的心聲。

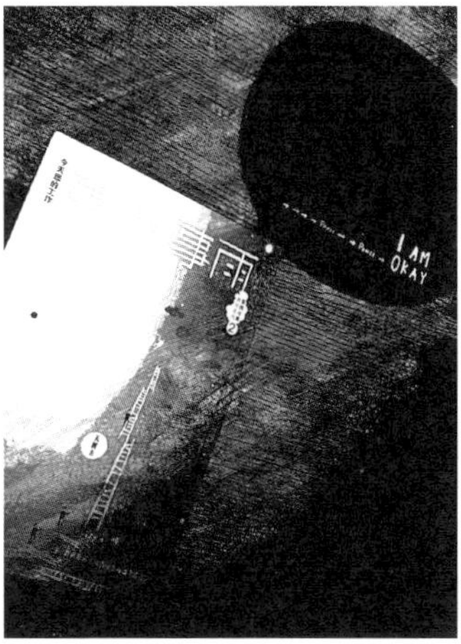

書內提出，**術數也重視問命者性格傾向與才能如何影響及發揮工作。**

從中亦透露出紫微斗數的重要學理，
如**雙星同宮的運用法則**、
六合宮垣的定位架構、**流身宮的重要性**、
師傅的紫微星訣……等等，
希望填補坊間缺乏的資料。

一百萬

五・緣

而《一百萬》是我的紫微心易日記，除了寫下面對客人時，如何施展紫微心易來預測之外，也說明紫微斗數顯示的錢財概念。

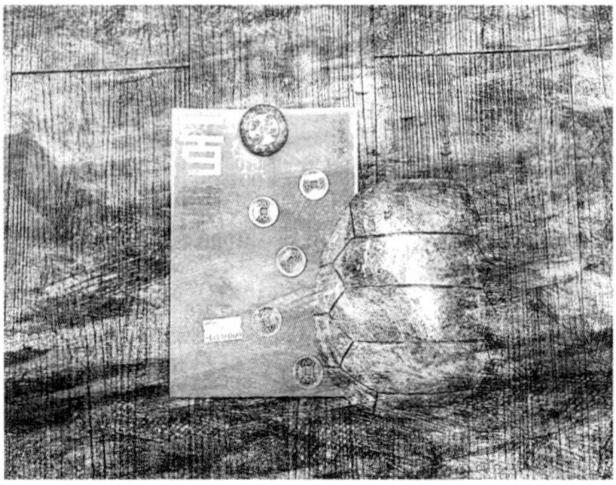

紫微斗數獨有的占卜方法，能給讀者知道，非如坊間所說紫微斗數只能用在本命盤的命理上。書中的**外應**、**因果法則**、**體卦與用卦之別**、**浮宮法及定宮法**，能對應筆者在玄學節目中，如何靈活運用紫微斗數。

我知道是緣點使「玄學天地」在穿針引線，引領二〇〇五年書展「術數座談會」、《太陽日報》「風水屋」的訪問、《東方日報》「避桃花劫」訪問，導致《事晴事雨》、《一百萬》的出現！

風水萬歲

六・緣

因為網台改革的關係，而各主持亦有不同的發展，天下無不散之筵席，二〇〇七火豬年初，「玄學天地」終於走到尾聲。

「我的運程如何？」

「我有無運行？」

「他是我的真命天子嗎？」

「幾時發達？」

「哈！哈！哈！」

「吓！原來如此！」

「嘩！嘩！嘩！」

「多謝主持！」

「多謝師傅！」

「多謝玄學天地！」

……

別人鐵一般的故事。

各位不同的觀點、心聲、願望。

聽眾一時情急，師傅變醫生！

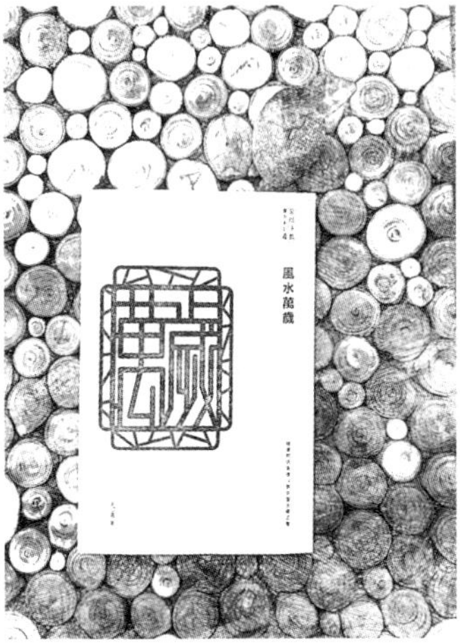

紫微斗數解開迷團，扶助問命者建立及尋找出路。
一連串在網台中散發出來的聲音，
也隨時間成為過去。

每件事情總有開始、中段、結尾的。人生存在世，
也不能越過五倫界限，這是常理沒有特例。
就在這時候正好是整理及準備
另一本全新著作《風水萬歲》了。

當時在想，
紫微斗數運用在命理上，有很多人知道。
紫微斗數運用在占卜上，真正了解的人已經不多。
紫微斗數運用在風水上，知道者更為罕有。

由於我有個心願，在有生之年，是將紫微斗數的全功能介紹給世人知道，
而風水在命運上來說是很好的趨避方法，懂得者，可加強或催吉運程，
絕對是值得推薦給讀者的。

而坊間的風水學，很多時忽視事主、環境與空間的配合，
未能發揮最佳的效用，
因此一本紫微斗數風水書《風水萬歲》就此產生。
書內提出**紫微斗數風水法可以配合八宅法**、
玄空飛星……等等，
也說出**紫微斗數風水獨立使用**，
原本**圓形的紫微斗數命盤與九宮**、**十二支**、
二十四山息息相關，又再次為紫微斗數說出一些秘傳。
差不多完成《風水萬歲》之時，網台傳來消息，
改革如火如荼，我又要準備!?

揭斗數星訣

七・緣

二〇〇八戊子土鼠年，貪狼化祿引動殺破狼架構，祿忌交纏，遇上準備轉運之時，同時生活上起了衝擊。

網台大型改革後，在西九龍中心進行現場廣播，並且舉杯慶祝。夏日炎炎，現場用紫微斗數為藝人羽翹、觀眾批算運程。

七月網台開新節目**「玄學 123」**，我與甄詠珊、Ray 一同擔任術數主持。

遇上衝擊之年，七月香港書展第七本紫微斗數書**《揭斗數星訣》**面世時，透露了**紫微星訣**的概念意義。

多謝甄詠珊在書展當日同台演出，不少朋友、讀者、學員也來撐場。

網台變化很大，而十月又去了另一個改革節目，與之前的「玄學天地」、「玄學123」風格不同的「**人氣在線**」節目，嘗試擔任客席術數師。

節目除了現場談論當日的熱門主題之外，亦以不同的娛樂圈中人及公眾人物為主題作預測，如黎明與樂基兒會否結婚、容祖兒VS謝安琪誰人奪魁、周秀娜VS Angelababy日後的發展比較、李惠敏的運程、Freeze組合、羽翹、洪潮豐、李默、董建華、李嘉誠……等等，紫微斗數亦沒有令聽眾失望。

轉運之時，七月開新節目，第七本著作面世，7字的衝擊踏上緣來緣去的路。

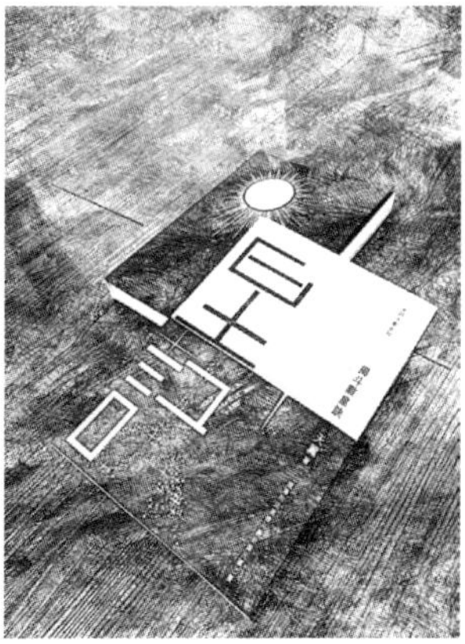

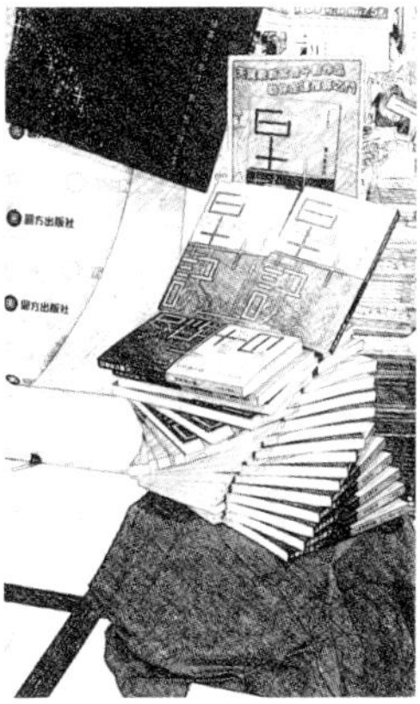

二〇〇九年中因事務繁忙，晚上授課的堂數不少，
與網台緣份逐漸減退。

歲月燈光下的斗數生涯，感受到，
「台下十年功，台上一分鐘」，
若果在從事設計工作時，
因為怕忙而偷懶沒有在斗數下苦功，
相信在台上半分鐘已被KO了。

感謝，貴人牽引！

感謝，紫微斗數陪伴住我，渡過冬天的冷，
陽光的暖，月圓月缺的不同歲月。

我知道人生充滿不同的緣點，在不同時間，緣點的大小會有不同，
但無論緣點的大小如何，我知道接下來是原點……亦是圓點。

時間不留情，總會在人、物、事中的隙縫
企圖改變某些某些！
但我覺得，只要在某處曾努力過，
推廣過我想說的，已滿足了！
這一年變化甚多，多謝貴人提點、紫微斗數發出聲響，
提醒我能配合運用及選擇。

三合派紫微斗數

八・緣

現今科技一日千里，古時運用紫微斗數盡在屈指之間，
後來發展充滿個人風格的落墨繪寫命盤，到現今來說電腦起命盤，已是隨手可得。

我也有落力去發展紫微斗數起盤程式，
第一代二〇〇四甲申木猴年紫微斗數軟件電腦版。
第二代二〇一一辛卯金兔年紫微斗數軟件網上版。
第三代二〇一六丙申火猴年紫微斗數軟件APPS版。

每一代的紫微斗數軟件一直改進，去除不合時宜的。
希望已經歷不同年代的紫微斗數沒有脱節，扶助他能緊貼潮流，不要被後人棄掉。

而在研發紫微斗數軟件的過程中，斗數界傳來風風雨雨、門派之爭，
網路上道聽途説的故事，雌雄莫辨，非事主所説的，
但另有秘密的聲音，公説公有理婆説婆有理的風氣蔓延。

很明白學習者擔心的問題，如紫微斗數軟件的系統設定一樣，設定錯誤等於命盤錯誤。

可是如果懂得反思，每一門學術總有不同的風格學說。

條條大路通羅馬，學術又如藝術一樣，本來就不是只有一法。

設定可以改變運作軌跡，只要最後能到達目的地，新舊設定、舊路或新路也是殊途同歸的，不要忘記新路是由舊路發展出來的。

但學習者往往被斗數故事吸引，忘記了學術最主要的，是確定性。

第八本紫微斗數書《**三合派紫微斗數**》，就是希望各同好回歸紫微斗數最核心的用處。

斗數的強項，並非在茶餘飯後口沫橫飛散播的花邊新聞。

説故事者，未必是了解真正事實，也可能只是門外漢！

很記得二〇一一辛卯金兔年
除了也被其他網台邀請做訪問之外，
《三合派紫微斗數》面世。

書展中拍攝時處處閃光，
不少熟悉的面孔出現，如舊友重逢。

在開場時，被攝錄了透露了
曾有學習斗數者對我說學習的心聲。

A君對我說：**「會用十年時間學習紫微斗數。」**

B君對我說：**「很多謝紫微斗數，能幫助我選擇適合自己的方向。」**

C君對我說：**「繁忙的工作之餘，學習紫微斗數覺得很relax，很享受。」**

回想起很久之前，我有幸遇上紫微斗數。
聽到這些學習斗數者誠意的心聲，
作為推廣紫微斗數者，
又怎會將心得只收藏於篋底，眼白白令他們兜圈子？

很想將這個緣點繼續蔓延。

時緣間份

九・緣

二〇一五乙未木羊年踏上在第九段緣點的時間軸，
《時緣間份》在穿針引線，將時間、設計、音樂、回憶、朋友、同好、學員、客戶、斗數重疊在一起，
將人們以為與術數沒有關係的元素，自然地物以類聚展示。

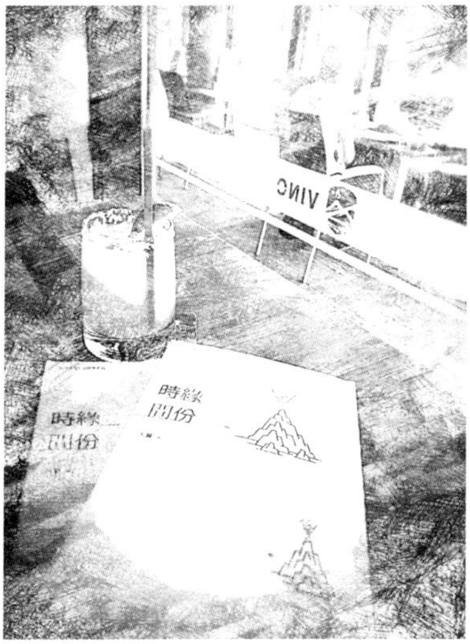

很喜歡這段緣，多謝多謝各方的人、物、事！
他／她／它們為書本留下有聲音的文字時間。

如果用一首歌來形容「時間」，這是什麼的歌？
如果用一句說話來代表「時間」，是哪一句話？
如果經歷能代表「時間」，故事會如何？

如果、如果、如果，可能就是各位的曾經一眼，
或是某某的集體回憶！

「雖然你不察覺時間，但這時間曾在你身邊走過。」

而緣份的延續在新城電台「我有夢想」節目訪問中，
我介紹了有故事的歌曲，有歌曲的斗數。
說出命運、緣份與玄學千絲萬縷的關係。

在節目中透露曾不能忘記的傷勢，慶幸地得斗數鼓勵，
扶助我向目標前行及生活，設計自己選擇的人生。

這些正是我入行時很想介紹給各位的東西，
當時間齒輪踏上，夢想成真。

在寂寞的熱沙微塵，偶爾遇上星火燦爛，踏上主軸。
如幻覺漂浮，亂了次序，只見掠過的背影。

緣點在時間軸上狂飛亂舞充滿希冀。
望穿秋水，盤旋下發現罅隙中滲入，才漸漸感到真實。

不追求賜我頭上光環。

不盼望至高無尚的外殼。

不執著過往的框架。

重點在，我們的語言可以在閉上雙眼時互相交流。
亦師亦友的關係，心照的感覺，才是紫微之路。

若你徘徊在交叉路上，看見輪廓就想當作宇宙時。

嘗試回到井字型的命盤上，尋回相應的線索，
細心觀察現在，
必能證過往，明白以後，確定你的將來。
真正的宇宙就是屬於你的！

拾紫斗玄

十・緣

仍然是緣點?!

已確立在原點?!

還是定在圓點中盤旋?!

有些不能忘滅的……我想得到你們鼓勵。

各位有緣者幫我繼續建立下去好嗎？

文行至此，突然很想你／妳……！

目錄

個案篇・真人真事留下印證

斗數命理個案

斗數占卜個案

斗數地運個案

學理篇・斗數留下易理

紫微斗數古籍

紫微斗數的建立原理

個案篇

真人真事留下印證

斗數命理個案

雖然我懂得多門術數，但最心儀的仍然是紫微斗數。
不是其他術數沒有功用，而是因為紫微斗數，
比較子平八字內容豐富，少缺失。
比較七政四餘及西洋占星來得簡便，沒有實數的繁瑣。
比較三式（太乙、六壬、奇門）用途較多。

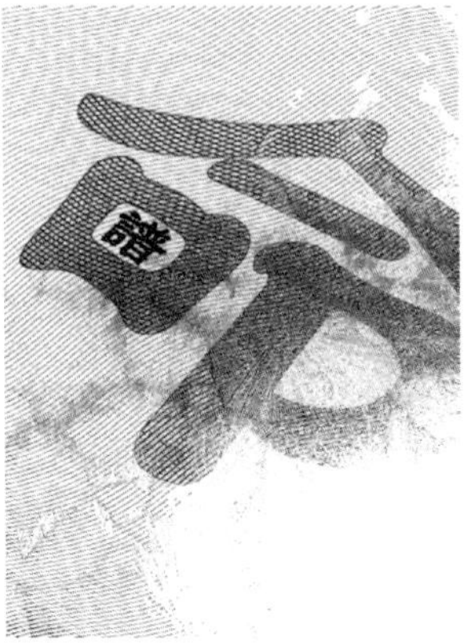

紫微斗數是集合預測、剋應、趨避功能的術數，
所以出道至今，筆者多數使用他。
而無論是朋友、客戶、學生、傳媒，
認識我多多少少與紫微斗數有關。

以下的命理個案，也因為紫微斗數與他們種下一點緣，
現在與你們分享。

巧遇相同。同與不同

相同嗎？

二〇〇〇金龍之年多奇遇，在無人事脈絡下，
亞洲電視台找我做玄學節目。
而在三庚之日又有奇遇，更令我至今仍未淡忘。

下午有新客人約了來面談問事，於是提早吃午飯。
不知不覺，神推鬼拏又走到去帶有懷舊色彩而能觀望榕樹及
廟宇的舊式茶餐廳吃午飯。
一杯奶茶，一份三文治，遠望窗前的榕樹及廟宇，緩緩進食。

榕樹下廟宇四處人流不算多，而社區風味甚為濃郁。
一邊食一邊閒想，漸漸地聽到斜對面有一位女子，
神情激動，拿着電話喝問對方，
什麼什麼……「你在哪裏？為什麼這麼久才接電話？你有蠱惑?!」

看來好像只有這女子在激動地發問，但對方沒有回答似的。
再多問一兩句，沒多久，怒氣沖沖地cut線，將電話大力放入手袋內。

之後女子垂頭，呆呆地望向窗前，沒有再拿起電話發出一言半語。
臨走前沒有動過枱面上的午餐便揮袖離去。

心想，大家有緣在同一時間、地方匯聚，
但由於每個人的生命藍圖不同，感受亦各異。
正如我在享受午餐，其他人在悠閒歇息，公園漫步，暢快閒談，開心耍樂，
但有的卻被對方弄得氣怒傷心，真是各適其適、各式各樣！
我是他們故事裏的背景！他們又是我眼簾下主觀鏡頭裏的點綴！
在同一時間空間，人們在活活潑潑的建立自己的生命藍圖，
各放異彩，留下自己的片段。

午餐後早了回到中心，準備迎接客人光臨。

門鐘比預期中早響，開門看見原來客人就是剛才怒氣沖沖地 cut 線的女子，而隨後有另外一個短髮女子陪同。

她們一起坐下來，才漸漸地看清楚她們的樣貌。

客戶陳小姐，長髮披肩，面頰飽滿，膚白，眼大，人中位置有粒小痣，聲線幼細而偏高音。穿着整整齊齊的上班套裝衣着，黑白色互襯。可能因為她剛剛哭完，看見她的眼角仍有一絲淚印。

陪同陳小姐的是李小姐，短髮，長圓面形，鼻子準頭有肉，嘴角有個很明顯的大梨渦，聲線偏柔。亦是穿着整齊的套裝衣着，啡與黑色配搭襯衣。

起出命盤，確定陳小姐是來問感情事之後，便全神貫注潛入她的命盤內，探究每一條線索。

陳小姐的命盤是，紫微七殺在巳局，天相在卯位守命，五歲起限順行，主星天府。
三十六歲在壬午大限，庚辰流年。

問感情事，必須地氈式搜查三代夫妻宮。

原局夫妻宮在丑位，武曲入廟垣，貪狼入廟垣大限化忌，天姚、天哭、白虎同宮。
大限夫妻宮在辰位，天機入廟垣化祿，天梁入旺垣化權大限化祿，
天官、天喜、寡宿、天煞同宮。
流年夫妻宮在寅位，太陽入旺垣流年化祿，巨門入廟垣，火星、陀羅、陰煞、劫煞同宮。
大限流年夫妻宮祿星疊疊，且主星為天府，太陽流年化祿，基本上不會是沒有對象。
可惜，**原局夫妻宮忌星疊疊**，
武曲大限化忌被六合子位的天同流年化忌及太陰化忌合住。
可想而知在感情上仍有很多污點，並非一句吉或凶便可以講清楚。
我對她說：「看來妳拍拖已一段時間，但對象還未能給妳信心！」

陳小姐立刻問：「我與他能開花結果嗎？」

又遇到客人經常沒有明確定義的問題了！

用老經驗的方式說：「開花結果的定義是什麼？」

陳小姐：「他是我的真命天子嗎？最後能結婚嗎？」

後天兩代夫妻宮祿星疊疊，主星天府雙化科引動本命，想結婚並不是難事。

我說：「如果以結婚為開花結果的定義，答案是yes，但問題應不在此！」

陳小姐：「？」

原來她仍不了解自己是不甘願現在情況或是只想知真相！

我說：「妳仍未相信他，就算結了婚，要留意的事情仍有不少！未能有共識就結婚，將來會好嗎？」

陳小姐望望身旁的朋友，

李小姐急不及待即時幫她問：「她男朋友與舊情人經常見面，雖然強調沒有發生過什麼，但大師，覺得應該相信他嗎？」

心想這個並非全部是術數層面的問題，

而陳小姐福德宮在巳位紫微入旺垣化科，七殺入平垣，天巫、恩光、台輔、太歲同宮坐守。

有一部分，當然可以用術數來預測出來，

但另一部分是個人性格上，對別人的相信程度問題。

因為就算預測出來的結果，是她的男友沒有做過對不起她的事，

如果只是男朋友與舊情人經常見面，已經不能接受，這個才是真正的問題。

雙方未有共識，能否結婚，已經不是重點了！

對她們說：「想知道真相，與是否信任對方，
如何解決這件事，完全是不同的東西明白嗎？」

從紫微斗數的預測來說，很明顯她的男友有兩個的生肖可能。

於是對她說：「如果男友是肖馬出生者，他沒有對不起妳，只是舊情人有點痴纏吧！
你們是有緣份的一對，最後分手的機會很微。

但若果妳的男友是肖牛出生者，相信妳認識他時，
他已經和舊情人走在一起，只是在隱瞞。」

說話一出，我知道今次紫微斗數又能預測成功！

眼前的陳小姐，淚湧而下：「好彩好彩……師傅，多謝你！」
李小姐也望住陳小姐，捉住她手，為她而高興！

知道她們很開心，但接下來如何處理這件事也必須對她說。

「首先妳要信任男友，而妳與男友應該好好傾一次，說明妳的底線，大家要有共識，才能回到軌道。」

陳小姐含淚點頭。

說到這裏心想完成任務，正準備開始收拾枱面時，李小姐問我還有沒有時間，她也想問一段感情事。

由於預計的時間充足，下一個客人晚一些才到，仍有時間，於是即時為她批算。

但李小姐很心急地說：「師傅，我想先講，不是全心捉弄你，我與陳小姐是同年同月同日同時出生的，只是她是在 21:30 分出生，我卻在 22:15 分出生，會有分別嗎？」

相同的出生資料，命盤當然是相同。
在同一時辰內，巧遇相同性別、相同問題、相同命格的共盤，
需要用坊間的定盤方式嗎？

答案是未必需要！

我即時暗想真是有緣巧遇奇遇。
又可以證實師傳門內秘訣了。

我微微一笑，說沒有問題，

便潛入李小姐命盤，
紫微七殺在巳局，天相在卯位守命，五歲起限順行，主星天府。
三十六歲在壬午大限，庚辰流年。

再屈指一算。

斗轉星移後對李小姐說：「妳也是想問感情事？」

李小姐說：「對。」

對李小姐說：「妳的心很動搖，想主動與舊男友分手？」

李小姐睜眼點頭說：「對呀，應該嗎？」

再對李小姐說：**「最近三個月內，妳的睡房內有沒擺放了裝水的陶瓷物件？」**

李小姐目瞪口呆地說：「師傅，全對喎！陶瓷有什麼問題？」

再潛入李小姐的命盤深處，

看見大限夫妻宮的天機化祿中藏忌，流年夫妻宮太陽流年化祿中藏忌，

很明顯地知道，與誰分手並不重要，因為感情運仍在不穩定階段，難得李小姐滿意。

於是對她説：「要學懂如何穩定一段感情是很最重要，
肖犬及肖龍者難配合，有時分開冷靜一下也不算是壞事！」

李小姐聽後又睜大眼睛，但沒有直接回覆我，只微微點頭。

心裏想，舊男友真無緣，走出她的紅線圈外！

這次機緣巧合，又一次實證師傳門內秘訣，共盤並不是問題！

就在當晚，日記簿中有心細緻寫下這段經歷，
為日後留下奇遇的拆共盤印記。

有時覺得，在紅塵中遇上的人物事，有的只是過眼雲煙，
但有時有些事真是令人刻骨銘心的。

玄學界中，有宿命論與非宿命論的説法，
在我初期接觸術數之時，也曾經一度令我疑惑，
後來經恩師指點，在我入行之前，已明白個中道理。

術數界一向總是各有不同的主張，這是很正常的事，
因為有不同的人存在，很自然地便有不同聲音。

很記得在我初初出道之時，本中心網上討論區，
曾有不少網友屢次挑機，
以子平八字的程式容量與紫微斗數的程式容量作比較，
就斷定紫微斗數不及子平八字！

後來亦有人強調事主獨有的命盤學説，泛濫整個斗數界。

命盤程式真的是可以獨有嗎？

從事了玄學工作已二十餘年，給我遇上多次奇遇，
能證實師傳與實踐相同，宿命論及獨有的命盤一次又一次被打破。

過往遇上的真人真事，又是最好的強心針，
貼身感受到生命藍圖是宿命也非宿命！

術數程式的容量多少，並非能直接代表準確度！

我的性格是不喜歡勉強別人，
也不需要結集信徒追捧，唯我獨尊。

常以最坦白、公平的學術理論來教授學員，或評論各家學派的運用技巧。
相信哪一位與我有緣，必物以類聚。

可能是看見歷久以來，術數界有很多師徒或師傳的不良問題。
因利益或各自爭光惡言相向的關係，弄得很不愉快，最後師徒反變仇人。

因此我出道以後也沒有正式收徒，全部以亦師亦友的方式建立，
打破舊日師徒的矛盾關係。
無謂產生利益衝突或各自企圖爭光而誣陷對方的行為。

世間的相同與不同，重要嗎？

總覺得只要有緣走上
同樣的生命藍圖路線上，
不如彼此珍惜！

另找出路可能愈兜愈遠，
在已存在的路線上，
必然找到玄機所在吧！

<table>
<tr>
<td>紫微 旺 科
七殺 平
台輔 鳳閣 天巫 恩光 年解
臨官 太歲 伏兵 指背
25~49
辛巳 福德</td>
<td>截空 天廚 天空 天壽
冠帶 晦氣 大耗 咸池
35~50
壬午 田宅</td>
<td>截空 蜚廉
沐浴 喪門 病符 月煞
45~51
癸未 官祿</td>
<td>天鉞
天福 孤辰 天才 解神 天使
長生 貫索 喜神 亡神
55~52
甲申 奴僕</td>
</tr>
<tr>
<td>擎羊
天機 廟 祿
天梁 旺 權
左輔
天官 天喜 寡宿
帝旺 病符 官府 天煞
15~48
庚辰 父母</td>
<td colspan="2" rowspan="2">天翼紫微斗數
● 陳小姐
陰女 肖蛇 出生地 香港
土五局 子斗亥
命主 武曲 身主 天機
大限 流年 流月 流日 流時 小限 宮干
天盤</td>
<td>鈴星
廉貞 平
破軍 陷
龍池 破碎 天刑 天貴
養 官符 飛廉 將星
65~53
乙酉 遷移</td>
</tr>
<tr>
<td>天相 陷
祿存
文曲
八座 旬空
衰 吊客 博士 災煞
5~47
己卯 命宮</td>
<td>地劫
右弼
紅鸞 月德 大耗 天月 天傷
胎 小耗 奏書 攀鞍
75~54
丙戌 疾厄</td>
</tr>
<tr>
<td>火星 陀羅
太陽 旺
巨門 廟
陰煞 旬空
病 天德 力士 劫煞
115~46
戊寅 兄弟</td>
<td>武曲 廟
貪狼 廟
封誥 天哭 天姚
死 白虎 青龍 華蓋
105~45
己丑 身宮 夫妻</td>
<td>天同 旺
太陰 廟 忌
天魁
地空
墓 龍德 小耗 息神
95-104
戊子 子女</td>
<td>天府 旺
天馬
文昌
天虛 三台
絕 歲破 將軍 歲驛
85-94
丁亥 財帛</td>
</tr>
</table>

紫微 旺 科 七殺 平 台輔 鳳閣 天巫 恩光 年解 臨官 太歲 伏兵 指背 25~49 辛巳 福德	截空 天廚 天空 天壽 冠帶 晦氣 大耗 咸池 35~50 壬午 田宅	截空 蜚廉 沐浴 喪門 病符 月煞 45~51 癸未 官祿	天鉞 天福 孤辰 天才 解神 天使 長生 貫索 喜神 亡神 55~52 甲申 奴僕
擎羊 天機 廟 祿 天梁 旺 權 左輔 天官 天喜 寡宿 帝旺 病符 官府 天煞 15~48 庚辰 父母	天翼紫微斗數 ● 李小姐 陰女 肖蛇 出生地 香港 土五局 子斗亥 命主 武曲 身主 天機 大限 流年 流月 流日 流時 小限 宮干 天盤		鈴星 廉貞 平 破軍 陷 龍池 破碎 天刑 天貴 養 官符 飛廉 將星 65~53 乙酉 遷移
天相 陷 祿存 文曲 八座 旬空 衰 吊客 博士 災煞 5~47 己卯 命宮			地劫 右弼 紅鸞 月德 大耗 天月 天傷 胎 小耗 奏書 攀鞍 75~54 丙戌 疾厄
火星 陀羅 太陽 旺 巨門 廟 陰煞 旬空 病 天德 力士 劫煞 115~46 戊寅 兄弟	武曲 廟 貪狼 廟 封誥 天哭 天姚 死 白虎 青龍 華蓋 105~45 己丑 身 夫	天同 旺 太陰 廟 忌 天魁 地空 墓 龍德 小耗 息神 95-104 戊子 子女	天府 旺 天馬 文昌 天虛 三台 絕 歲破 將軍 歲驛 85-94 丁亥 財帛

術數師一句撻着你的話

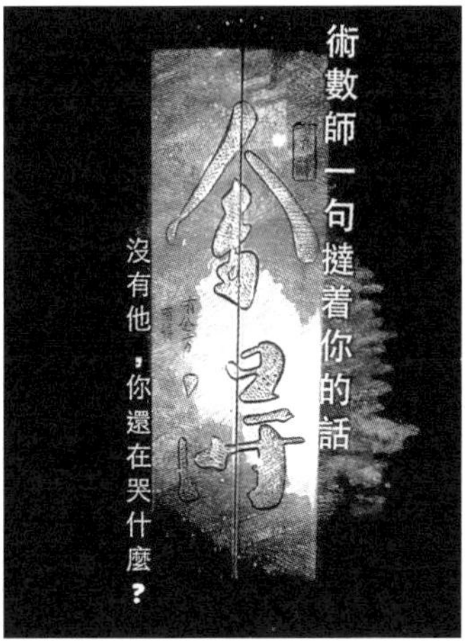

「沒有他，你還在哭什麼!?」

樣貌甜美的A小姐，生日前一天來找我預測運程。

坐在面前的她，

腦海中依稀記得某年月我曾經遇見過她，

但老是記不起在哪地方。

她沒有正面望着我，也沒有寒暄幾句，

我便示意開始預測！

看見眼前的命盤，我知道需要**一句話撻着她的心**。

於是緩緩地說：「沒有他，你還在哭什麼!?」

她仍然沒有正眼望着我，眼神在浮動，眉頭皺一皺，眼眶內略有濕潤。

我對她說：「妳今天來找我，最主要是問感情。」

她望着我愕然地點頭，淚痕也隱約看到。

天翼：「希望妳不要為現在的他，而放棄將來。」

聽到這句，A小姐即時急如星火地說：「我無拍過拖，沒有他，很怕變成老姑婆！」

天翼：「不要為情所困，身邊還有更好的選擇，但必須要先放開前段感情。」

A小姐：「繼續落去，最後會輸或是贏？有無好結果？」

天翼：「命盤說，先捨而後得。先捨棄為引路，後來才得到結果。」

A小姐：「但現在對他的事很上心，

師傅呀!!我因為他的一個留言喊了整晚！他的一些舉動令我晚晚失眠。

我在意他，關注他。」

天翼：「不要為打翻水杯而哭泣！試回想沒有他的時候，真的不能嗎？日子還是這麼過，何必作繭自縛！如果妳還在哭，值得嗎？」

A小姐：「其實這樣重視一個人，是否代表有緣?!積極爭取，順他意，會留得住他嗎？」

天翼：「捕捉到他，而他的心不在妳處，又何苦？我們的痛苦並不是來自失去，而是來自我們不肯放手！凡事失去了，就是留不住，留不住的東西，再糾纏下去，結果也是留不住！有時放生才是新的出路。」

A小姐：「唉！真是很痛苦！請問將來會有新的緣份出現嗎？」

天翼：「猶豫會留下遺憾，命盤顯示另外的緣份已在妳身邊。不需要覺得自己不夠好，害怕沒有了他就等於全宇宙的男人死了，當真正有緣份的人出現，他會欣賞妳，疼錫妳，如晴天掛在妳身上，日日是好日。快忘記過去，建立未來吧！」

A小姐似懂非懂，看似相信，卻像信心不足，答謝道別了。

木羊乙未年的炎夏，收到A小姐寄來的果籃，說已踏上新的愛情路，正在蜜運中！

** A小姐的情路，得她同意刊出，

希望為情困的朋友，能明白

緣起緣滅總有時，捨得，謂之一捨才得，

不捨去前情，又怎樣有新的得。

我將於茫茫人海中訪我唯一靈魂的伴侶，

得之我幸，不得我命。——徐志摩

點樣揀個好男人

樣貌端好的X小姐，戊年出生，太陽巨門守命於寅位。

面臨婚嫁之年，遇上三位不同出生背景、性格各異、樣貌懸殊、事業參差的男士追求，個心十五十六，未能下決定，於是前來問命，希望知道哪一個是好男人，與他最有緣，可以付托終身？

A君：戊年出生，天同星守命在亥垣。高大威猛，擁有俊朗的臉孔。為人多新意，懂得營造開心氣氛。出入富麗堂皇的上流社會，深受眾女子歡迎。早年在外國生活了一段長時間，雖然仍然在讀書進修階段，未正式在社會工作，但父親擁有龐大的生意，家財億萬，含着金鎖匙出生的他，將來必順理成章地接手家族生意，是富二代的代表。

B君：戊年出生，紫殺星守命在巳垣。
中等身材，長臉形，權鼻有勢，散發出朝氣勃勃的英氣。
是個事業心重、有魄力、好勝心強的人，懂得爭取每一分秒的機會。
中產階層出生，擁有高級學歷。
現時是投資主管級經理，是老板的頭馬，前途有目共睹。

C君：甲年出生，武相星守命在寅垣。
中等身材，相貌平庸。
對人有禮，為人體貼且浪漫，典型的暖心男。
低下層草根出生，凡事需要靠自己的實力爭取回來。
對工作充滿熱誠，現在是某大公司的中層職員，夜間仍在繼續進修。

如果是你，會選擇A？B？or C？

以現時的情況來說，當然很多人也覺得不用多想了，答案只有一個！

當然會嫁個有錢人！

如果嫁個含着金鎖匙出生的有錢人，萬一有一日對方變心，
至少可以分他身家，有金錢上的補償。
若嫁個死窮鬼，如果出了什麼事，起了什麼變化，
心身也玩完，而且一無所有，很慘呢！

揀個靚仔！
靚仔會變心，醜男又一定不會變心嗎？沒有金錢比較之下，不是應該揀個靚仔？

暖心男！
暖心男很吸引很窩心！但是若果有愛情而無麵包，
或者需要我四周撲麵包來維繫這段愛情，很辛苦吧！不如選擇獨身！

以上的聲音，聽過無數次，但世事真的如大家所想的一成不變？

X小姐最後選擇了閃婚嫁入豪門，即時辭職，在一年內誕下麟兒。諗住有長子嫡孫在手，必定財來自有方！可惜萬料不到如意算盤失效！

自從富二代結婚後，風花雪月悠悠蕩蕩的生活更盛。他的父親一怒之下，將生意交給次子，拒絕他處理家族生意。自此父子反目，富二代折翼難飛，財源盡失。經常飲酒麻醉自己，終日在酒吧流連忘返，只靠母親的少量金錢養活他一家。

X小姐好夢成空，後來更需要重新工作，整天比從前更忙更疲倦，容顏也畫上不少痕跡！

預測學可貴之處，在於能預測你選擇的路結果會是如何，結果是否真的如你所願。其實如果世事每次都能用常理來推測而得到結果，很多時就不會出現始料不及的事！

誰人會明知陷阱在前面也會走上前跌下去?!

後來有消息提供,

B君很快坐上老板之位,成為部門主管,而且左擁右抱,妻子與情人亦同時擁有。

C君雖然起步慢,但因為對人有禮,廣結善緣,聚集了一班知己良朋於是合作創業。

現時事業有聲有色,而且搵到理想伴侶,已準備拉埋天窗。

有很多人問我,點樣才是好男人?點樣揀個好男人?

我覺得,先要明白自己需要及適應什麼人,

對方有沒有這方面的潛質(Potential)。

有時候,現今眼前的情況可能只是過眼雲煙,如外貌及身材，當年華過去始終會消失。

給多一些時間讓雙方相處，

深入了解對方的心，彼此才能一起走得更長遠。

緊記，將來比現在更為重要，

命盤能展示你的將來，輔助你選擇屬於你獨有的生命藍圖！

她不是剩女

懂得利用命盤顯示的運勢強弱，規劃未來，進可攻，退可守。

武曲天府守命的事主A已到適婚年齡，不過還未找到合適的伴侶。但她事業幹得出色，有車有樓，是生活富足的一個人。有時舊客戶相識多年，每年來中心算流年時，總談起近況。

A：又到新年，真喺好怕拜年，年年啲姨媽姑姐總係問我幾時輪到我請飲，我都只好扮無嘢，行開一邊。

天翼：呢類情況，我都聽唔少。事主忍受多年長輩明知故問，繼續連珠發炮……係要催婚！

A：

話唔想有個伴，就係假嘅。
未結到婚，你估我想嘅咩？
有時啲姨媽姑姐把口又係嘅，現在咩年代呀？
做女人結咗婚，生咗仔就係好命水咩?!

其實想趁機會讚自己個女食腦，
嫁咗個有錢佬，唔洗做，仲生埋個仔……
跟住燒埋我個疊，同我阿媽講話我眼角高，
嫁唔出第時孤孤獨獨就好慘，又乜又物。

我點解年年新年想清靜吓，都要比班「尊敬」嘅姨媽姑姐咀咒我第二時孤獨無依呀?!

我心諗：嫁咗有錢佬，啲錢就喺佢嘅咩？
點解仲係用女人嫁得出，男人搵到錢嚟衡量一個人嘅價值同埋成就呢！

見不少女客戶也有同樣的問題，也聽了不少相類似的故事。

天翼：大家追求嘅嘢唔同，你愛自由，重點唔係求婚姻，自然唔認同長輩嗰套啦！

A：

我好清楚自己追求啲係乜嘢，人生苦短呀師傅，姻緣嘅嘢可遇不可求，我冇理由淨係掛住搵男人養。

我又唔係廢人，我有手有腳，我年年搵你睇流年就係要計劃將來。師傅，你算過我桃花運最強最好嘅都唔係近幾年嘅事，要到下一個十年桃花先漸漸咁旺，咁我覺得fair呀！咁咪趁依家呢十年內，拚命努力追求我想要嘅嘢先囉，留返下一個十年先享受吓桃花嘅樂趣。

筆者很認同事主A的看法，上天很fair，我們每個人經歷的人物事總有分別，先後次序亦有不同。

你先享有家庭樂嗎？那你便可能想放多點時間於照顧家庭上，放棄當紮上位的好機會。

你想出國留學增值自己嗎？那你可能要暫停在港發展的一切。

當你羨慕別人做少奶奶湊仔的同時，又有否想過你能接受自己因只顧住湊仔，終日左一袋右一袋BB用品，還跟朋友疏遠，連去一個旅行也不能的無奈嗎？

事主A其實很理智很聰明，她懂得利用命盤顯示的運勢強弱，規劃未來，進可攻，退可守。

她知道這十年大限事業運及財運雄健，就努力在這十年一鼓作氣打拚；她知道下一個大限的桃花運會漸強，是最適合婚期的大限，所以她沒有在這個大限白等另一半的必要。

一個女人是否幸福、好命水，在乎她能在生命中自主地掌握了什麼。

我認為知命而創造命，追求自己想要的東西，滿足自己的心靈，總比做到別人眼中的「好」為佳。
憑自己努力得到自己想要的生活，才是幸福的女人。

眼前的事主A跟我聊得忘形，
卻被術數中心內的鴿子時鐘響聲提醒。

喔咕……喔咕……喔咕……

事主A才驚覺時間已流走，她又爽朗地一句：
「師傅，唔得閒再講喇，我約咗朋友飲tea，走喇！」

雖然，事主A未結婚，但生活依然充實自在，
努力活出自己想要的人生。誰說她是剩女？

一點也不剩……只是人生大事出現的次序跟別人不同。

讀懂了她的命盤，在辛卯大限，祿星疊疊，
桃花星浮現，
會是賣剩蔗、籮底橙嗎？
要嫁得好，還是那一句：「十年未晚！」

斗數占卜個案

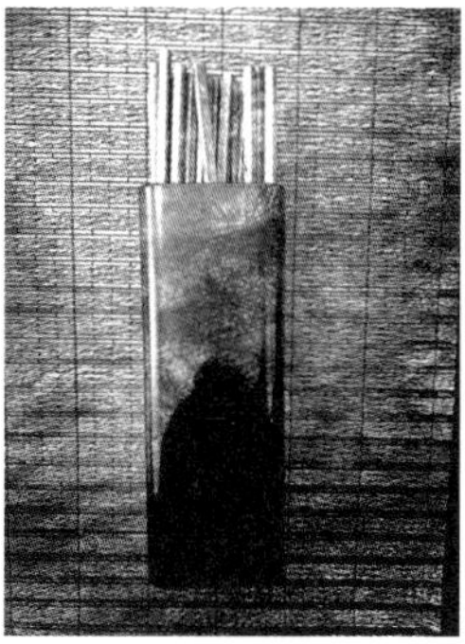

如果說用易卦來占卜，應該會有99%同好讚同。

而以筆者所知，
在術數界內不是太多人運用紫微斗數來占卜，
是不懂得斗數占卜方法或是特別喜愛用其他類型術數？
這便不得而知！

可能是因為筆者早已知道我派紫微斗數與易卦相通，
斗數用來占卜當然又合之有理。
而在筆者的玄學生涯中，卻有緣留下不少紫微心易痕跡，
令客人拍案叫絕，亦幫助他們渡過厄難。

占事業

戊子土鼠年。立春。值日大有卦、危宿、平日。九紫入中

流日遇太陽星

乾命：　一九七三癸丑年生

批算方式：電郵

問題：　今年內能否升職

占式：　抽占

「卦盤」

紫府在寅局，七殺入廟垣守命身宮在申位。

「四化」

財帛宮貪狼入廟垣化祿在辰位，奴僕宮天機入陷垣化忌在丑位。

疾厄宮太陰入陷垣化權在卯位，田宅宮太陽入陷垣化科在亥位。

官祿宮被田宅宮太陽化科及奴僕宮天機化忌夾制。
疾厄宮太陰化權會照，田宅宮太陽化科。

「**卦體**」
命身在申位與七殺、火星、三台同宮。
對宮遷移宮紫微及天府入廟垣同宮在寅位，
被卯位疾厄宮太陰化權及丑位奴僕宮天機化忌夾制。

「**用卦**」
官祿宮在子位破軍入廟垣坐守，被亥位田宅宮太陽化科及丑位奴僕宮天機化忌夾制。
而丑位奴僕宮天機化忌六合子位官祿宮。

「**命卦**」
事主癸丑年出生，丑位奴僕宮天機化忌，六合干擾子位官祿宮。

「批斷」

用卦被夾制，且命卦是天機化忌，看得出事主現時有志難伸，很想事業衝出重圍，正尋求蛻變機會。

丑位奴僕宮天機化忌六合子位官祿宮，用卦被阻塞，被別人干擾中，理應該短期內未必可以成事。

看來升職機會，盡在人事問題。

細心查看，但若果有7字尾年出生的女性上司或舊同事出手幫助，加上寫字枱佈風水局亦可用卦生卦體，將事情扭轉乾坤。

「事實」

事後，筆者收到事主回饋，很幸運地找到公司老臣子的協助，順水推舟而成事，公司已決定四月前將事主升職。

巨門 平 祿存 地空 地劫 破碎 月德 天巫 病 小耗 博士 劫煞 93~6 子女 丁巳	廉貞 平 天相 旺 擎羊 天廚 天哭 天虛 八座 旬空 死 歲破 力士 災煞 103~7 夫妻 戊午	天梁 旺 天鉞 大耗 恩光 旬空 墓 龍德 青龍 天煞 113~8 兄弟 己未	七殺 廟 火星 封誥 蜚廉 天才 天壽 解神 三台 絕 白虎 小耗 指背 3~9 命身 庚申
貪狼 廟 祿 鈴星 陀羅 左輔 文昌 龍池 衰 官符 官府 華蓋 83~5 財帛 丙辰	天翼紫微斗數 ● 占事業 陽男 肖鼠 出生地 香港 木三局 子斗午 命主 貪狼 身主 鈴星 大限 流年 流月 流日 流時 小限 宮干	時 日 月 年 甲 辛 甲 戊 午 巳 寅 子 天盤	天同 平 天喜 天刑 胎 天德 將軍 咸池 13~10 父母 辛酉
太陰 陷 權 天官 天福 紅鸞 天使 帝旺 貫索 伏兵 息神 73~4 疾厄 乙卯			武曲 廟 右弼 文曲 鳳閣 寡宿 天月 年解 養 吊客 奏書 月煞 23~11 福德 壬戌
紫微 廟 天府 廟 天馬 孤辰 陰煞 臨官 喪門 大耗 歲驛 63~3 遷移 甲寅	天機 陷 忌 天魁 截空 天空 天姚 天貴 天傷 冠帶 晦氣 病符 攀鞍 53-62 奴僕 乙丑	破軍 廟 台輔 截空 沐浴 太歲 喜神 將星 43-52 官祿 甲子	太陽 陷 科 長生 病符 飛廉 亡神 33~12 田宅 癸亥

占家宅

丁酉火雞年。大雪。值日蹇卦、參宿、開日。五黃入中
流日遇太陰星。

坤命：　一九七二壬子年生
批算方式：whatsapp
問題：　新樓家宅吉凶
占式：　抽占

「卦盤」
紫貪在酉局，天梁入廟在子位守命宮。

「四化」
太陰入平垣化祿及天機入平垣化科同宮在申位財帛宮。
天同入平垣化權在辰位官祿宮。巨門入陷垣化忌在戌位身宮及夫妻宮。

「體盤」「命卦」

體卦及命卦同度，亦是天梁入廟在子位守命宮。

三方見太陰化祿、天機化科、天同化權，成三奇加會格。

祿存在午位及申位太陰化祿形成疊祿，看似不俗。

「用卦」

田宅宮在卯位無正曜與文曲獨坐，被對宮紫微入平垣及貪狼入平垣、鈴星在酉位沖引。

田宅宮六合巨門入陷垣化忌、地劫在戌位的身宮及夫妻宮。

用不生體，虛有其表。

貪狼、巨門及文曲陰星疊疊，犯上宅氣無力且要注意家中神位或神靈的問題，如有安放，必有不善之處，要正視這問題。

「批斷」

問事者家中是否有安放神位？
如有安放，位置是否在家中的東或東南方？
並且有不完善之處，望事主於家中審查。

「事實」

後來事主回饋：
神位真的是在家中東南方，而不知為何有一灘水及水漬，
即時找人清理及安放筆者提出家中的吉利位置。

陀羅 破軍 平 武曲 平 台輔 天廚 破碎 天使 旬空 病 白虎 力士 指背 53~9 乙巳 奴僕	太陽 廟 祿存 紅鸞 天刑 天月 衰 天德 博士 咸池 63~10 丙午 遷移	擎羊 天府 廟 寡宿 天壽 天傷 帝旺 吊客 官府 月煞 73~11 丁未 疾厄	太陰 平 祿 天機 平 科 天巫 陰煞 臨官 病符 伏兵 亡神 83~12 戊申 財帛
天同 平 權 解神 旬空 死 龍德 青龍 天煞 43~8 甲辰 官祿	天翼紫微斗數 ● 占家宅 陰女 肖雞 出生地 香港 木三局 子斗寅 命主 文昌 身主 天同 大限 流年 流月 流日 流時 小限 宮干		鈴星 貪狼 平 紫微 平 天鉞 天哭 天才 冠帶 太歲 大耗 將星 93-102 己酉 子女
文曲 截空 天虛 天貴 墓 歲破 小耗 災煞 33~7 癸卯 田宅	時 日 月 年 乙 甲 辛 丁 亥 戌 亥 酉 天盤		巨門 陷 忌 地劫 天空 天姚 沐浴 晦氣 病符 攀鞍 103-112 庚戌 身 夫
火星 天官 截空 月德 大耗 三台 絕 小耗 將軍 劫煞 23~6 壬寅 福德	七殺 廟 廉貞 旺 左輔 右弼 封誥 龍池 鳳閣 年解 胎 官府 奏書 華蓋 13~5 癸丑 父母	天梁 廟 地空 天喜 八座 養 貫索 飛廉 息神 3~4 壬子 命宮	天相 平 天魁 天馬 文昌 天福 孤辰 蜚廉 恩光 長生 喪門 喜神 歲驛 113~3 辛亥 兄弟

占健康

戊戌土犬年。雨水。值日畜卦、奎宿、滿日。八白入中
流日遇天梁星。

坤命：　一九五二壬辰年生
批算方式：面談
問題：　健康
占式：　正時占

「卦盤」

紫殺在巳局，廉貞入平垣、破軍入平垣、文曲在酉位守命宮。

「四化」

貪狼入廟垣化祿與武曲入廟垣、天魁同宮在丑位官祿宮。
天機入廟垣化忌與天梁入旺垣、左輔、陀羅、地劫同宮在辰位疾厄宮。

太陰入廟垣化權與天同入旺垣同宮在子位田宅宮。

太陽入旺垣化科與巨門入廟垣、陰煞、龍池同宮在寅位奴僕宮。

官祿宮貪狼化祿被田宅宮太陰化權及奴僕宮太陽化科夾制。

疾厄宮天機化忌會照田宅宮太陰化權。

「體卦」「命卦」

體卦及命卦同度，亦是天機入廟垣化忌與天梁入旺垣、陀羅、地劫同宮在辰位的疾厄宮，是煞忌並存的情況。

體卦及命卦六合命宮，而命宮被對宮刑忌夾印的天相沖引。

「用卦」

奴僕宮太陽化科與巨門同宮在寅位，三方遇三煞（火星、鈴星、擎羊）。

「批斷」

問健康，天梁主舊病。

遇上左輔及右弼不吉利時主抵抗力衰弱。

體卦煞忌並存，看來早已有疾患在身。

天機化忌與太陰化權會照，器官內有異變或增生擴張中的可能。

而用不助體，暫時的醫療方法未能得到效用，已到了不能收服的階段。

加上用卦是巨門與陰煞同宮，必然是事主有大意或不想面對疾病的想法，因此健康未能安好。

估計事主患有消化及婦科系統毛病，亦有機會是良性腫瘤增生中。

建議、督促事主盡快清除舊患，且找中醫調理身體。

「事實」

事主是陪朋友來批流年運程的，

聽完批算後，覺得有興趣，於是問事。

事主的回覆：

是對的，尤其是婦科腫瘤毛病，一拖再拖，仍未下決心去處理。

當時醫生有說過不是急切的情況，所以仍在考慮中，近來又發覺異樣及不適，

因此想問這事，真的是要決定動手術的時候了！

數月後，事主留言回饋，手術已完成，順利安好！

紫微 旺 七殺 平 祿存 文昌 紅鸞 大耗 天壽 天巫 三台 恩光 旬空 病 龍德 博士 亡神 43~8 財帛 丁巳	火星 擎羊 地空 天廚 衰 白虎 官府 將星 33~9 子女 戊午	天鉞 封誥 寡宿 天才 帝旺 天德 伏兵 攀鞍 23~10 身夫 己未	鈴星 天馬 天哭 解神 臨官 吊客 大耗 歲驛 13~11 兄弟 庚申
陀羅 地劫 天機 廟 忌 天梁 旺 左輔 天虛 天傷 旬空 死 歲破 力士 月煞 53~7 疾厄 丙辰	天翼紫微斗數 ● 占健康 陽女 肖狗　出生地 香港 木三局　子斗巳 命主 祿存　身主 文昌	大限 流年 流月 流日 流時 小限 宮干	廉貞 平 破軍 陷 文曲 天刑 八座 天貴 冠帶 病符 病符 息神 3~12 命宮 辛酉
天相 陷 天官 天福 月德 墓 小耗 青龍 咸池 63~6 遷移 乙卯	時 日 月 年 乙 壬 甲 戊 巳 辰 寅 戌	天盤	右弼 天月 沐浴 太歲 喜神 華蓋 113-122 父母 壬戌
太陽 旺 科 巨門 廟 龍池 陰煞 天使 絕 官符 小耗 指背 73~5 奴僕 甲寅	武曲 廟 祿 貪狼 廟 天魁 截空 破碎 天姚 胎 貫索 將軍 天煞 83~4 官祿 乙丑	天同 旺 權 太陰 廟 截空 鳳閣 蜚廉 年解 養 喪門 奏書 災煞 93~3 田宅 甲子	天府 旺 台輔 天喜 孤辰 天空 長生 晦氣 飛廉 劫煞 103-112 福德 癸亥

占財運

丁酉火雞年。立夏。值日蠱卦、女宿、滿日。二黑入中
流日遇貪狼星。

乾命：　一九六九己酉生
批算方式：面談
問題：　入股某公司能否賺錢？
占式：　問事者抽占

「卦盤」
紫殺在巳局，天府入旺垣、天魁、天馬、天巫在亥位守命身宮。

「四化」
太陰入廟垣化祿及天同入旺垣化權在子位父母宮。
天機入廟垣化科與天梁入旺垣、文昌、鈴星同宮在辰位奴僕宮。
巨門入廟垣化忌與太陽入旺垣、天官、天月同宮在寅位田宅宮。

「體卦」

天府入旺垣、天魁、天馬、天巫在亥位守命身宮。

對宮遷移宮見紫微入旺垣、七殺入平陷、陀羅、地空、地劫在巳位。

三方會照卯位天相入陷垣及未位左輔、右弼、擎羊。

「用卦」

未位左輔、右弼、擎羊，遇亥位天府及卯位天相，可惜府相不朝垣。

對宮福德宮丑位武曲入廟垣、貪狼入廟垣沒有四化發動。

「命卦」

己酉年出生，廉貞入平垣、破軍入陷垣、天鉞、火星、天貴、天哭同宮在酉位夫妻宮。

「批斷」

用卦沒有動能生體卦。

命卦廉貞、破軍在酉位遇對宮刑忌夾印惡格及會見巳位陀羅，成貧士格。

這局財星沒有引動，因此可以斷定這次入股的條件好優厚，可惜最後難賺錢得益！

「事實」

戊戌年初，事主來再問另類投資。

從中回饋，二〇一七丁酉年最後受不了吸引，入股了，現時公司面臨清盤，難有半分錢財進賬！

<table>
<tr>
<td>紫微 旺
七殺 平
陀羅
地空 地劫
天廚 破碎 旬空
長生 白虎 力士 指背
64~9
乙巳 遷移</td>
<td>祿存
紅鸞 天使
養 天德 博士 咸池
54~10
丙午 疾厄</td>
<td>擎羊
左輔 右弼
寡宿 三台 八座
胎 吊客 官府 月煞
44~11
丁未 財帛</td>
<td>封誥 天才 天壽 陰煞
絕 病符 伏兵 亡神
34~12
戊申 子女</td>
</tr>
<tr>
<td>天機 廟 科
天梁 旺
鈴星
文昌
天姚 天傷 旬空
沐浴 龍德 青龍 天煞
74~8
甲辰 奴僕</td>
<td colspan="2" rowspan="2">天翼紫微斗數
● 占財運
陰男 肖雞　出生地 香港
金四局　子斗卯
命主 文昌　身主 天同
大限 流年 流月 流日 流時 小限 宮干
時 日 月 年
丙 丁 乙 丁
午 未 巳 酉
天盤</td>
<td>廉貞 平
破軍 陷
火星
天鉞
天哭 天貴
墓 太歲 大耗 將星
24~13
己酉 夫妻</td>
</tr>
<tr>
<td>天相 陷
截空 天虛 恩光
冠帶 歲破 小耗 災煞
84~7
癸卯 官祿</td>
<td>文曲
天空 解神
死 晦氣 病符 攀鞍
14-23
庚戌 兄弟</td>
</tr>
<tr>
<td>太陽 旺
巨門 廟 忌
天官 截空 月德 大耗 天月
臨官 小耗 將軍 劫煞
94~6
壬寅 田宅</td>
<td>武曲 廟
貪狼 廟
龍池 鳳閣 年解
帝旺 官符 奏書 華蓋
104~5
癸丑 福德</td>
<td>天同 旺 權
太陰 廟 祿
台輔 天喜 天刑
衰 貫索 飛廉 息神
114~4
壬子 父母</td>
<td>天府 旺
天馬 天魁
天福 孤辰 蜚廉 天巫
病 喪門 喜神 歲驛
4-13
辛亥 命身</td>
</tr>
</table>

占名人

羅明珠之死

死期也能反映事主的遭遇

西曆二〇一六年五月二十七日凌晨兩點，農曆丙申年癸巳月二十一日丑時。

接拍電影「開心鬼」出道的羅明珠，不斷嘔吐並且暈倒，經送院救治後證實死亡。

羅明珠為何在這年走上厄運，揮手而去，走上死亡之路？

紫微心易，以正時盤也可反映事主的遭遇。

「卦盤」

紫微七殺在亥局，天魁、鈴星同宮。

命宮在辰位無正曜，陀羅獨坐。

「四化」

天同入陷垣化祿與太陰入陷垣、擎羊同宮在午位的福德宮及身宮。

廉貞入平垣化忌與破軍入旺垣、火星同宮在卯位兄弟宮。

天機入廟垣化權與天梁入旺垣、地空同宮在戌位遷移宮。

文昌化科與天相入陷垣、天鉞同宮在酉位奴僕宮。

「命卦」

肖猴的羅明珠，太陽入平垣與巨門入廟垣同宮坐在申位，

出事年丙申火猴年是羅明珠伏吟犯太歲之年，吉凶容易顯著。

「體卦」

公眾人物更要留意命主及身主的位置。

命主廉貞入平垣化忌六合身主天梁入旺垣，這類星系組合，

最要關注廉貞坐落的宮垣或地支。

當斗轉星移時，不可不提防。

體卦為廉貞入平垣化忌在卯位，是事主的疾厄宮。

身主天梁入旺垣在戌位，是事主的福德宮及身宮。

疾厄宮與福德宮及身宮同時被化忌互引，

雙病符夾命，是抵抗力跌至最脆弱的時候，稍一不慎，小事化大！

「用卦」

用卦為身主天梁是重點星，命主廉貞是重點宮垣。

天梁、吞陷同宮六合化忌，被對宮天姚沖過來，是容易出現有誤服藥物的問題。

天梁六合化忌，遇見擎羊及陀羅，是為處理不當。

廉貞化忌與火星同宮，與病符對沖，疾病來得很急。

從死期的時間來看，相信羅明珠的出生時間命盤，也有類似的情況出現。

所謂生死有命，出生日期能反映事主運程。

其實死期也能顯示事主最後的遭遇，
但在推算技巧上是有分別的，若各讀者細心閱讀此文，這次又得到徵驗了。

「姓名」

羅明珠這個名字是很重火土的元素，
催促了紫微心易盤的廉貞及天梁如上述的情況！
（姓名對命盤的影響，請看後文。）

本文純屬以學術研究與讀者分享吧！

天府 平 祿存 文曲 天官 截空 旬空 臨官 天德 博士 劫煞 父母 癸巳 112~10	擎羊 天同 陷 祿 太陰 陷 冠帶 吊客 官府 災煞 身 福午 甲午 102~11	武曲 廟 貪狼 廟 右弼 左輔 台輔 紅鸞 寡宿 沐浴 病符 伏兵 天煞 田宅 乙未 92-101	太陽 平 巨門 廟 陰煞 長生 太歲 大耗 指背 官祿 丙申 82-91
陀羅 截空 蜚廉 天姚 恩光 旬空 帝旺 白虎 力士 華蓋 命宮 壬辰 2~9	天翼紫微斗數 ● 占名人 陽女 肖猴 出生地 香港 水二局 子斗戌 命主 廉貞 身主 天梁 大限 流年 流月 流日 流時 小限 宮干		天相 陷 天鉞 文昌 科 破碎 天空 天使 養 晦氣 病符 咸池 奴僕 丁酉 72~2
火星 廉貞 平 忌 破軍 旺 封誥 大耗 三台 衰 龍德 青龍 息神 兄弟 辛卯 12~8	時 日 月 年 乙 己 癸 丙 丑 酉 巳 申 天盤		天機 廟 權 天梁 旺 地空 天哭 解神 胎 喪門 喜神 月煞 遷移 戊戌 62~3
天馬 天虛 鳳閣 天壽 天月 年解 病 歲破 小耗 歲驛 夫妻 庚寅 22~7	天喜 月德 死 小耗 將軍 攀鞍 子女 辛丑 32~6	地劫 天福 天廚 龍池 天才 天刑 天貴 墓 官符 奏書 將星 財帛 庚子 42~5	鈴星 紫微 旺 七殺 平 天魁 孤辰 天巫 八座 天傷 絕 貫索 飛廉 亡神 疾厄 己亥 52~4

斗數姓名個案

紫微斗數與姓名有沒有關係？

可以對你說有必定的影響作用。

無論事主的名字是由誰命名，姓名的來由，基本上有90%是由父母作最後定論，而當時事主仍然是在BB仔的歲月中，即是沒有決定權，如出生一樣。

父母使BB仔在這世界出現，令命盤能建立，更能確定姓名。姓名就如年月日時四建的建立命盤一樣，是辨認事主最好的憑據之一，因此我派紫微斗數也重視事主的姓名。

相同的命盤，不同的姓名者可有不同的影響及變化。

而當你明白紫微斗數的精髓，也不難發現名字與紫微斗數可以互相配合運用，而在紫微心易中經常會運用到的。

一般人來說，文件上填寫的姓名、別人經常叫的名字，名人的姓名，藝人的藝名，作家的筆名，影響力較大及深遠。

古代文人有名有字，出生三個月後由父親取名，成年行冠禮（二十歲）時取字。在不同情況下，又用不同的別名、筆名，是有用意的。如項籍字羽，孔丘字仲尼，司馬遷字子長，李白字太白，胡適字適之，孫文字載之，毛澤東字潤之，李敖字敖之。

成年以後，名字只供長輩恩師和自己稱呼，自稱其名表示謙遜，而字才是用來供社會上的人彼此稱呼的。即是名字要用在不同的用途，辨別輩份及情況。因此名字是可以說是某個主題的利或弊代號。

而我派斗數在近年中研發的紫微斗數APPS軟件，也加入姓名功能，只要輸入中文或英文姓名，瞬息間可以知道名字對事主有什麼吉凶影響了。

紫微心易姓名學—。論林欣彤的起落

想為名人批算運程，只依網路上提供的出生及生平資料，便用來確定命盤，一律只可作參考或研究吧，別太認真！

批算名人我派斗數有較方便而準確的**斗數姓名卦**來運用。

只要這名字是公開使用（例如四大天王的劉德華，黎明，張學友，郭富城……等等），無論是真正名字或是筆者，必有其吉凶力量，也顯示事主的情況。而當解開紫微心易的密碼鎖後，也可以預測及剋應名人的事情。因此名人的名字、藝名、筆名，不可忽視或胡亂修改。

曾經在節目中預測名人的狀況，如黎明與樂基兒是否已婚、容祖兒VS謝安琪誰人奪魁、周秀娜VS Angelababy日後的發展比較、李惠敏、Freeze組合、羽翘、洪潮豐、李默、董建華、李嘉誠……等等，筆者當時也有運用紫微心易的姓名元素訣竅，結果也令人滿意。

而二〇一〇庚寅年及二〇一二壬辰年
筆者曾寫下 blog 文，
利用紫微心易預測年青藝人林欣彤。

當時全城佳話的歌唱比賽節目，
筆者以紫微心易占看賽果，
結果如預測所料，林欣彤小姐大熱勝出。
而筆者留下「林欣彤的敵人是疾病，
勝負全在於此，日後需要多加調理。」的話。

二〇一二壬辰年六月下旬，
林欣彤的聲帶出現了問題，導致工作停滯，曾兩個月沒有開聲説話。
當年的斗數卦，今天落實了剋應及顯示！
又再次證明戌位武曲化忌，真的不能忽視……！

現在回看紫微心易的預測已經有所剋應及徵驗了。

紫微心易預測名人事情是需要合參姓名元素的，現公開讓大家發掘這寶藏吧！

林欣彤的紫微心易盤是紫微天府在寅局，武曲入廟垣化權在戌位守命，會見天府入廟垣化科。

她是金馬年出生，身主火星，而名字木火元素較重，是屬於容易成名的命卦，因此她能在短時間一炮而紅，在當時來説是香港樂壇很受注視的歌手。

可是木火元素較重的姓名亦有隱憂！

辰位貪狼入廟垣六合天同入平垣化忌，虎視眈眈待有機便會彈出來沖引戌位命宮。午位廉貞入平垣也容易受日後巨門入平垣化忌的影響，成「刑忌夾印」惡格。戌位的武曲等於經常要受嚴厲的考驗。

二〇一〇庚寅年九月

歌唱比賽當日，六合天同化忌的辰位貪狼被引動起來，於是健康不良，好在總算能控制病情，才大熱勝出。

二〇一二壬辰年六月下旬

壬辰年的丙月、丁月，是廉貞及武曲發作之時，忌星疊疊直接干擾命卦，疾病凶悍到了臨界點，終於因健康問題導致工作停滯，曾兩個月沒有開聲說話！

因此當年留下「戌位武曲化忌，真的不能忽視……！」

二〇一七丁酉年

轉公司後，雖然公司運作出現了一些問題，但在工作上漸漸再次上軌道。丁干太陰入陷垣化祿在卯位及祿存在午位吉化引動有功。可惜巨門化忌仍有纏繞午位天相，成「刑忌夾印」惡格，因此仍有不順。

二〇一八戊戌年

戊干貪狼化祿拱照戌位武曲化權，而巳位巨門與祿存同宮，使天相成「財蔭夾印」吉格。

再次全身投入歌壇，積極及努力參與宣傳活動，

在年初改編翻唱歌及新歌亦受到一致好評，看來今年播下的種子必有收成。

讀者們可以想一想，林欣彤小姐的名字如果不是木火元素較重的關係，

這幾年間如童話般的高山低谷歷程，在紫微心易盤中可以演繹得這樣傳神嗎？

懂得運用紫微心易時，可以穿越時空，較長較遠的時間也可適用，

非只在幾星期內之剋應及運用！

13.09.10 blog 文

紫微斗數。技術 VS 精神

雖然沒有向外公告，但數月前曾對後學者說，林欣彤的敵人是疾病，勝負全在於此。

後來傳出她抱病應戰，的確未可樂觀，要看她如何處理病患了。

出賽時刻有利，雖歌聲略帶瑕疵，未能獲取眾人認同，但最後冠軍獎牌也納入懷中。

當晚比賽節目九時開始，斗數卦正時盤如下：
紫府在寅局，立命在戌位武曲入廟化權，主星為紫微。
主星紫微遇天府化科與恩光同宮，恩科疊疊。
林欣彤太歲在午，與主星三合會見，主星更得「紫府同宮格」、「明祿暗祿格」、「三奇加會」，
這次賽果大熱勝出，絕不出奇。

若細心觀察這盤，不難發現林欣彤的疾病是舊患，是累積性，最惡劣的情況會出血，看來日後需要多加調理。

當晚比賽後，網上議論紛紛，是實至名歸？還是造馬把戲？

如果只想勝出比賽，只需改歌降調，或是將高難度部分削減，照估計也可以順利過關勝出。

如為理想，為了不負聽眾期望，
仍然選擇高難度唱法，希望達到穿透心窩的效果。
全力付出但出現瑕疵，尾段手也震了，聲也浮了，
用盡方法抑制收復，可惜疾病最可怕，誰人能抵擋？
難道這種勇氣及精神是最好的勝利策略?!

世間的人、物、事，瑕疵並非絕對的缺陷，完美有時會失去真實感，
能感動你牽入人心最為要緊。

技術有分數，感動的魅力也有分數，
比賽是人設立，規則是人定，全在一個「心」。

比賽事件如學習紫微斗數一樣，「技術」與「精神」應兩者並重，
若有強烈偏差，是「技師」還是「大師」，想清楚吧！

21.08.12 blog 文

紫微斗數。斗數卦顯示林欣彤的敵人是疾病

回看二〇一〇年九月十三日曾在 bolg 寫下：

「林欣彤的敵人是疾病，勝負全在於此！」

更斷：「若細心觀察這盤，不難發現林欣彤的疾病是舊患，是累積性，最惡劣的情況會出血，看來日後需要多加調理。」

當年比賽勝出但是疾病纏身，賽後網上議論紛紛，是實至名歸？還是造馬把戲？

二〇一二年被力捧在事業上如日方中的她，正當出新碟及新戲之時，敵人又來找她。傳出聲帶撕裂灌膿，痛到連發聲、甚至吃東西都有困難。新碟因病延遲推出，電影宣傳也少了及需停工休息。

當年的斗數卦，今天落實的剋應及顯示！又再次證明戌位武曲化忌，真的不能忽視……！

<table>
<tr>
<td>巨門 平
台輔 孤辰 天傷
臨官 貫索 小耗 亡神
55-64
疾厄 辛巳</td>
<td>廉貞 平 天相 旺
天福 截空 龍池 天貴 旬空
冠帶 官符 青龍 將星
45~5
財帛 壬午</td>
<td>陀羅 天梁 旺 天鉞
截空 天喜 月德 天月 旬空
沐浴 小耗 力士 攀鞍
35~6
子女 癸未</td>
<td>七殺 廟 天馬 祿存
天虛 鳳閣 天姚 年解
長生 歲破 博士 歲驛
25~7
身夫 甲申</td>
</tr>
<tr>
<td>貪狼 廟
天哭 天刑
帝旺 喪門 將軍 月煞
65-74
遷移 庚辰</td>
<td colspan="2" rowspan="2">天翼紫微斗數
● 紫微心易姓名學一
陽女 肖虎 出生地 香港
土五局 子斗辰
命主 祿存 身主 天梁
大限 流年 流月 流日 流時 小限 宮干
時 日 月 年
丁 乙 乙 庚
亥 丑 酉 寅
天盤</td>
<td>擎羊 天同 平 忌
破碎 大耗
養 龍德 官府 息神
15~8
兄弟 乙酉</td>
</tr>
<tr>
<td>太陰 陷 右弼 文曲
天空 三台 天使
衰 晦氣 奏書 咸池
75~14
奴僕 己卯</td>
<td>地劫 武曲 廟 權
蜚廉 天壽
胎 白虎 伏兵 華蓋
5~9
命宮 丙戌</td>
</tr>
<tr>
<td>鈴星 紫微 廟 天府 廟 科
天廚 解神 恩光
病 太歲 飛廉 指背
85~13
官祿 戊寅</td>
<td>天機 陷 天魁
封誥 紅鸞 寡宿
死 病符 喜神 天煞
95~12
田宅 己丑</td>
<td>火星 地空 破軍 廟
天才 陰煞
墓 吊客 病符 災煞
105~11
福德 戊子</td>
<td>太陽 陷 祿 左輔 文昌
天官 天巫 八座
絕 天德 大耗 劫煞
115~10
父母 丁亥</td>
</tr>
</table>

紫微心易姓名學二。論張國榮自殺事件

二〇〇三年出版了《言微記實》，書內記載了紫微心易如何剖析殿堂級歌星張國榮自殺事件。當時留有餘韻，待同好發掘。輾轉十五載，無人提及這蛛絲馬跡，現公開其中點睛神韻之處，分享紫微心易的占算功能。

除了舊文談論過紫微心易盤的特色之外，讀者們閱讀下文可以知道「張國榮」這個名字，為何與紫微心易盤有如此剋應。

「張國榮」這個名字的重點是木水元素，命主是廉貞入旺垣與天府入廟垣、天刑、三台、天煞同宮坐戌位官祿宮，六合身主是天梁入廟垣與太陽入廟垣、白虎、台輔、年解同宮坐卯位子女宮，命主身主成六合關係，事主重視思想及個人感受性。

紫微心易盤

屬水五行的星曜

天同入陷垣在丑位的疾厄宮。

天相入廟垣在寅位的財帛宮。

太陰入廟垣化科在亥位的奴僕宮。

破軍入陷垣化祿在申位的福德宮。

屬木五行的星曜

天機入平垣在巳位的兄弟宮。

貪狼入旺垣化忌在子位的遷移宮。

癸干四化的核心特色是，貪狼能遇見全部四化。

破軍化祿在福德宮會見貪狼化忌在遷移宮，而貪狼是被雙水星（天同及太陰）夾制。

四化以祿為因，以忌為果。

化祿及祿存牽引在申位的破軍化祿及子位的祿存為事件的原因。
化忌及陀羅牽引在子位的貪狼及亥位的太陰為事件的結果。

全個紫微心易盤寅申巳亥及水木星曜同時被引動，
破軍化祿在福德宮會見貪狼化忌在遷移宮，
亦是「張國榮」這個名字的重點木水元素。
事件的突顯性及定向性當然比較別人來得強烈吧！

如果……一切……也是如果！

事主當時沒有外出，或有好朋友陪同，相信可減凶險。

紫微心易與姓名實在是互有關連，打開這鎖匙密碼，又可看見另一片天空！

舊文如下：

紫微心易剖析殿堂級歌星張國榮自殺事件

二〇〇三癸未年四月一日，農曆二月初三十，甲辰火翌除日，忌酉時不利出行。傍晚六時四十五分正是酉時，對於香港來說不是一個好日子。當大家正在努力抵抗非典型肺炎疾病時，更傳來殿堂級歌星張國榮逝世的消息。他在中環一間酒店由高處墮下，倒臥在干諾道中，送院後證實不治，留下遺書，終年四十六歲。這個不幸、突然的消息，震撼了整個東南亞。

追蹤事情的方法有很多種，而紫微斗數可以運用紫微心易去了解事情的來龍去脈，不難發現蛛絲馬跡。

要運用紫微心易，其中一種方法是依照發生事件的時間直接起盤，稱之為「時空盤」，對於這事情必有一定的剋應和吻合。猶如已拍照下來的圖片一樣，可進一步了解事情。

用紫微心易追蹤張國榮自殺的「時空盤」，得出來是紫微在午位的命局，主星為紫微，立命在午位。

紫微在午位入廟垣與火星、天官、死神同宮，對宮子位見貪狼化忌、祿存、陰煞、大耗。

會見寅位和戌位結合平射的「府相廟垣」格，是一個氣勢強大的架構，顯示出命主的志氣遠大，曾有一番雄心壯志。

而當紫微遇貪狼化忌、天官和火星於命宮時，在事業和聲名必有顯赫之時。「時空盤」的確能很貼切地反映出一代天皇巨星張國榮的事業成就。

可惜，午宮紫微是必須見齊整一對左輔和右弼，現今卻完全不見。貪狼化忌遇見火星，破「火貪格」，更是祿存與化忌同宮，祿忌同纏即時破了雙祿會聚之吉格。

加上羊陀夾忌，惡格暴現，可想而知這時空盤必帶有另一面的凶險現象。

一般來說，不能成格問題不大，但破格後更形成惡格，影響力量便會很深遠。
所以也可反映出張國榮無論在事業上有多風光，
多多少少在人生歷程中也須要受到一定的挫折、煎熬和考驗。

疾厄宮顯示災厄、損傷、疾病，也可反映出體質。
疾厄宮在丑位，天同入陷垣、巨門化權入旺垣、文昌、文曲、
擎羊、天虛、破碎、三刑、官符坐守，
見對宮未位，鈴星，天壽，歲建，
會見巳位天機入平垣、左輔、天馬、天鉞、天月、恩光、天貴，
酉位右弼、旬空，
巨門化權見擎羊、鈴星，古書有云：「終身縊死」惡格。
天同是柔弱之星，當遇上文昌、文曲後，
患上的疾病應來自軟性的傷害，與精神系統有關。
天同、巨門、天壽相遇，主並非一時間產生的疾病，
相信已患有一段長時間。甚至可以說有些疾病是從成長的過程中已漸漸產生，
由此可見伏下厄難之險。

福德宮在申位，是殺破狼遇武相的架構。

破軍入陷垣化祿、地劫、天巫、解神、孤辰、天空坐守。

對宮寅位見武曲入平垣、天相入廟垣、地空、天姚、吞陷、天厄、亡神，

會見辰位七殺、寡宿，

子位見貪狼化忌、祿存、陰煞、大耗。

此時的破軍化祿並不可以代表吉利，因為單化祿的破軍只會發揮盲俠的衝動特色。

破軍、武曲、天相組合早已帶有不穩定傾向，加上地空、地劫、天巫、解神、亡神的推波助瀾，可想而知命主當時的確有一份複雜而外人難於明白的心理，衝動的行為由此產生。

夫妻宮在辰位七殺坐守與寡宿、八座、歲殿，

對宮戌位廉貞入旺垣、天府入廟垣、天刑、三台，

會見申位破軍入陷垣化祿、地劫、天巫、解神、孤辰、天空，

子位見貪狼化忌、祿存、陰煞、大耗。

此星系利物質不利感性。

七殺對廉貞、天府、寡宿不利感情，帶有感情埋藏和感情挫折的色彩，與對象死別當然有此性質。

但從另一方面來看，三台、八座和雙祿朝拱，財氣很強，這樣可使對象得到實物性的益處。

財帛宮見武曲、天姚、紅鸞、天喜、天巫、破軍化祿，財星歸財位。田宅宮見六吉星，左輔、右弼、天魁、天鉞、文昌、文曲，架構純吉財厚，達三億身家，自殺與錢財無關。

張國榮為何會選擇跳樓？

貪狼有「解厄」與「禍福」之義，當化忌遇煞，厄難與災禍便會呈現。

而貪狼化忌再遇六合昌曲，是古書記載的貪狼遇文昌文曲「離正顛倒」、「粉身碎骨」的變格。

一個命盤的負面事情，往往會隨命局中最脆弱的位置產生。
子位是遷移宮是此局最脆弱的位置，也是重點宮位所在，不出外此事情不會發生。

有人會問，這個時空盤是共盤，同一時間內必有很多事情發生，
為何會剋應此事？

我覺得時間一向是共用的，就如每個人出生的時間一樣，
並非某人可獨自擁有，只要明白立極之訣竅，共盤根本不是問題，
也可推算出很多事情。

<table>
<tr>
<td>天馬 天鉞 天機
平
左輔
天福 天月 恩光 天貴
絕 吊客 喜神 歲驛
兄弟 丁巳
16~23</td>
<td>火星 紫微
廟
天官
墓 病符 飛廉 息神
命宮 戊午
6~24</td>
<td>鈴星
天壽
死 太歲 奏書 華蓋
父母 己未
116~25</td>
<td>破軍
陷 祿
地劫
紅鸞 孤辰 天空 解神 天巫 旬空
病 晦氣 將軍 劫煞
福德 庚申
106-115</td>
</tr>
<tr>
<td>七殺
旺
寡宿 八座
胎 天德 病符 攀鞍
夫妻 丙辰
26~22</td>
<td colspan="2" rowspan="2">天翼紫微斗數
● 紫微心易姓名學二
陰男 肖羊 出生地 香港
火六局 子斗申
命主 武曲 身主 天相
大限 流年 流月 流日 流時 小限 宮干
時 日 月 年
癸 甲 乙 癸
酉 辰 卯 未
天盤</td>
<td>右弼
旬空
衰 喪門 小耗 災煞
田宅 辛酉
96-105</td>
</tr>
<tr>
<td>太陽 天梁 天魁
廟 廟
台輔 鳳閣 蜚廉 年解
養 白虎 大耗 將星
子女 乙卯
36~21</td>
<td>廉貞 天府
旺 廟
天刑 三台
帝旺 貫索 青龍 天煞
官祿 壬戌
86~16</td>
</tr>
<tr>
<td>武曲 天相
平 廟
地空
天喜 天姚
長生 龍德 伏兵 亡神
財帛 甲寅
46~20</td>
<td>擎羊 天同 巨門
陷 旺
權
文曲 文昌
截空 天虛 破碎 天才 天使
沐浴 歲破 官府 月煞
疾厄 乙丑
56~19</td>
<td>貪狼 祿存
旺
忌
截空 月德 大耗 陰煞
冠帶 小耗 博士 咸池
身 遷移 甲子
66~18</td>
<td>陀羅 太陰
廟
科
封誥 天廚 天哭 龍池 天傷
臨官 官符 力士 指背
奴僕 癸亥
76~17</td>
</tr>
</table>

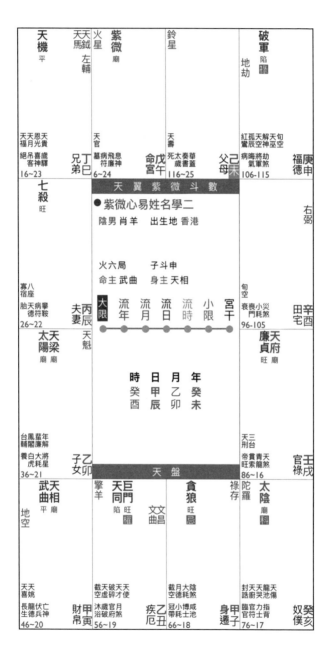

斗數風水個案

很多人也知道，在命運學中風水學是趨避的一門術數，是能將事主的運程催吉，減避凶災。

而風水學派多如牛毛，對於學習者來說很容易花多眼亂。

坊間的風水學說，運用的觀點多數是在大山大水大型建築物，落在一遍大地中，所以甚至會有吉地自然會出奇人的說法。

筆者同意風水學是有影響大局的功能，但大局風水是否便包括能影響所有人呢？這便值得注意了。

在極端好或極端壞的風水局中，當然會出現不同的大型吉凶情況，但問題仍然是為何這風水局與你／妳扯上關係？每個人也能夠吸收外間大山大水的日月精華？因此很多人會發現，大局風水並不一定對普通人產生效用。

猶如在富甲一方的大富翁家中做工人，就算富翁的家是真龍穴，
為何工人不會成富翁，始終是工人？
很明顯，問題仍然在大富翁的命格能配合這真龍穴吧！
並非所有吉地也適合所有人！

一命二運三風水，是要互相配合的。

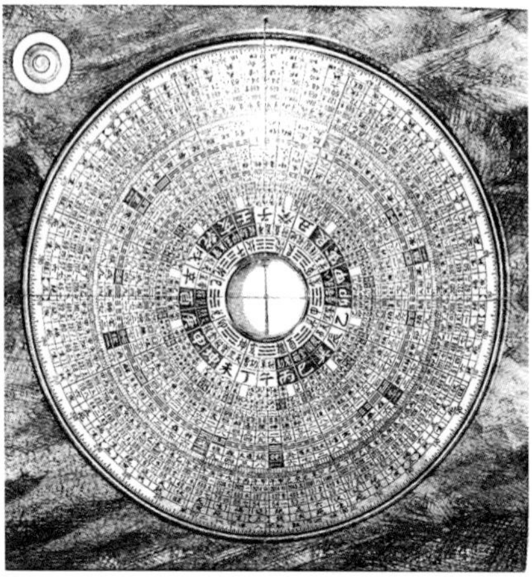

而我派斗數功能豐富，大局與及個人風水兼備。
能助事主尋找路線，對症下藥，
吸納健康的吉運，阻截或刪除惡氣。
而且運作較為簡便，亦可以配合多門風水之用，
亦是針對事主來運用的風水學，
因此筆者亦誠意推廣這斗數風水學。

風水何價？

筆者偶爾會遇到一些客人，以常理來判斷事情的吉凶結果，有時覺得術數的預測結果與常理違背，於是放棄信任，導致後來發生不幸的事件。

但如果凡事也能夠用常理的推測便知結果，世事就不會發生意料之外的事情，否則筆者便不會一直支持及加以推廣玄學術數至今！

世上有些事情是可以未雨綢繆，將負面影響減到最低。有些事情，更可以後來補救，令事情慢慢再次走上軌道。

風水價值如何？

以下類似的事情，筆者遇過多次，現與大家分享！

A君來預測二〇一五年流年運程，

知道健康將會每況愈下，但由於他一向身體非常壯健，幾年也不用睇醫生一次；因此他聽了我的預測後，大安旨意，也沒有特別關注身體的情況，仍然夜夜笙歌，大吃大喝。

結果在年初曾經數次在沒有先兆之下流鼻血，暈倒在街頭。

後來經兩位醫生初步診斷，A君腦內應有腫瘤，需要做詳細檢查。

家人心驚膽戰，希望A君能大步跨過。

於是一方面陪同A君四處尋訪良醫及去做掃描檢查，同時亦找我，希望以風水佈局來逃過這場災劫。

A君是紫微在午局，破軍落陷、右弼、蜚廉入申位守命，疾厄宮在卯位，太陽入廟垣大限化權、天梁入廟垣化祿、天魁、地空、三刑坐守。

二〇一五年A君是四十四歲在辛亥大限最後一年，是準備轉運的時候。

又應驗了我經常說的，**「轉運前後，總有起伏」**。

辛亥大限，大限命宮在亥位太陰入廟、祿存、天貴、天刑坐守。大限疾厄宮紫微入廟垣、左輔、鈴星、三台、天哭、天虛坐守，被大限文昌化忌沖射。

經筆者再審核A君命盤，覺得看似凶險，但又未到死劫關口之期，加上家宅門向東南方，床位在西北方，認為可以從風水的方法趨避運程。

於是以快打慢，即擇出良辰吉日，針對事主命盤核心問題，進行風水佈局，引吉氣入宅，卸走衰病之煞。

今年中秋節後，A君前來找我批算二〇一六流年運程時話我知。當第一次掃描檢查時，發現腦內血管有陰影，但仍然未可以證實是否腫瘤，要用另外的方法再次檢查。

於是幾星期後進行第二次掃描檢查，
腦內血管的陰影，
證實並非腫瘤，只是血管異變，
結果是不幸中大幸。

有人問我，命盤值多少錢？趨避何價？

留待各位用家評論吧！

風水桃花緣

求籤指點、拜月老、戴粉晶、算命問姻緣、有婚宴聚會逢請必到、參加不同類型的興趣班、問神婆、新年擺桃花、食桃花、多穿鮮色衣服、戴旺桃花的水晶、每到一個地方旅遊總愛到各大廟宇求姻緣符……

以上的方法，事主J全都試過，可是一年又一年，眼看身邊的同齡親友差不多都有影皆雙，但事主J就是百思不得其解，為何桃花愈求愈離她而去？

後來，時日一長，桃花還是不出現。事主J已對桃花的降臨不再抱任何希望，只好寄情工作。

筆者其中一個客戶介紹了事主J給我，希望能指點迷津。
起初只見她對筆者不抱太大信心，
更向筆者直言：「我諗大大話話睇過十個八個算命師傅，
個個都話我邊一年有桃花，但係一年又一年，都唔見有囉！
不如天翼師傅你直接啲話我知，我係咪會孤獨終老？咁我就死心喇！」

筆者看看她的命盤，只是覺得她對選擇異性是有一點要求，
但個性不錯，靈巧健談，不見得她是沒有桃花或追求者。

筆者再細看事主J的命盤，作詳細分析後，
發現事主的家居出了點風水問題。

隨即問她：「你間房係唔係有空嘅花樽、空嘅盒？
如果有，立即將佢拎走，或者收埋佢。呢啲嘢會直接影響你嘅姻緣運。」

事主J大為驚訝，雙眼瞪得很大，

說：「你點解知道？我間房入面真係有你講嘅嘢？我鍾意儲呢啲嘢。師傅，唔通你有天眼通？」

筆者對着事主J苦笑了一下，說：「我無神通，只用紫微斗數嚟分析。你咁多年求桃花都食白果，好多時係因為見唔到身邊嘅桃花啫！」

事主J開始對筆者的批算有點信心，再問：「咁點算好？我係唔係一世都見唔到桃花？孤獨終老？」

於是筆者為她擇日，在房間重新佈局，希望她早日發現身邊人，覓得良伴佳偶。

而筆者看見事主J滿手水晶鏈，亦不忘提醒她：「你嘅命格唔適合長期戴水晶或者玉石，而且水晶顏色都唔啱，唔係一定粉紅晶就旺桃花，唔好亂戴啲嘢上身，你咁樣戴，旺唔到桃花之餘，仲會影響埋你嘅健康。」

事主J聽了又一陣驚訝，
說：「係咩？我戴咗三四年嗢，唔怪得知……成日病啦！」

事主J好像明白了一些後，便結束這次批算，揮手拜別！

事隔數月後，事主J透過電郵傳來喜訊，
盛讚風水佈局十分奏效，桃花真的燦爛地開了。
原來真命天子一直在她左右，是共事已久的同事，但她並未發現，
而男方也不敢有所行動，更一度以為事主J已有另一半，
直到風水佈局催生後，男方突然鼓起勇氣表白，
事主J也一早覺得男方不錯，就是這樣點頭答應甜蜜交往。

這個案就是命格與風水結合催吉的例子。

命盤能了解事主命格，它帶來了不同的訊息，
揭發問題，再利用靈活的風水佈局，
把桃花呈現，帶到事主J身邊。

而坊間流傳很多催旺桃花的方法，
如沒有針對個人命格所需要的元素就胡亂使用，
很容易弄巧反拙。

寄言單身的朋友，桃花要開，十年未晚！
風水擺不好，一個月也嫌晚！

簡易風水吉凶測量法

紫微斗數可以用來預測國運、一區一地的風水、一幢大廈的風水、一室一間的風水，更可以佈風水佈局，或稱為做風水。

一般來説普遍市民，很難用到國家風水、大地的風水、一幢大廈的風水，除非是有官級的人士或富甲一方者，便另當別論。因此以一室一間的風水便最多人使用。

而坊間有很多不同類型的風水學理，但大多數是用在大地的風水、一幢大廈的風水，未必能在一室一間中發揮最大效用。

加上這些風水的主旨是空間，某大廈／大地本身的吉凶（如某國家、某一區、某一幢大廈樓的吉凶），並不是針對事主是否適合這空間，或了解事主在這空間產生的問題而去調整。

紫微斗數是依事主的出生資料來起盤，運用的角度在事主，因此反而這方面斗數風水更有優勝之處。

在日常生活中，有幾個重點若能多了解及佈風水局，必有助事主催吉減凶。

家宅。床位的重要性：

一般人睡覺七八小時，這個空間每日聚集某些元素能量。每個晚上，事主與這空間接觸交流，對事主是正面、中性或負面，一定有所影響。

公司。寫字枱的重要性：

如果需要在寫字枱工作的人，寫字枱的情況也是容易影響事主的工作運程吉凶。每天大約七八九小時的工作時間，也是吸收某些能量元素的時間。不過通常公司及辦公室因為人流很多雜氣自然較重，即是各方不同類型元素的力量也有機會如細菌般企圖入侵，要先做好防禦及之後如何選擇吉利的力量，才能催吉事業運。

斗數風水很重視**坐**、**向**、**背**。
只要懂得尋找三代化祿集中位置（代表吉利位置）及
三代化忌集中位置（代表惡性位置）
吉凶瞬間一目了然。

要清楚一室一間中在哪個位置坐下，坐下的位置而面向哪一方，背向哪一方。

如果以上三點是命盤的吉利位置，是容易遇上吉運，順風順水。
如果以上三點是命盤的惡劣位置，是容易遇上厄運，頭頭撞着黑。

以辦公室為例：
1 在事主工作的部門找出中心點。
2 找出在寫字枱面向的方向（現代人一般向電腦）。
3 有面向便知道背向。

如二〇一八戊戌年事主巳亥位置有三化祿及祿存拱照，選擇中下位置的房間，面向亥西北方，背在巳東南方，在事業上必有催吉作用。

若果在戌位西北，寅午戌三方忌時會照的位置，而面向左斜時，在事業運上必遭挫折！

*注解

坐：坐方是在一個空間內的分區。

背：後方或坐下時的背後。

向：前方或面向。

<table>
<tr>
<td>火星
祿存 左輔
破碎 天才 天月 三台 恩光
絕 病符 博士 亡神
62~36
遷移 丁巳</td>
<td>擎羊
天機 廟 忌
文昌
封誥 天廚 天使
胎 太歲 力士 將星
72~37
疾厄 戊午</td>
<td>鈴星 地空
紫微 廟 破軍 廟
天鉞
天空 天貴
養 晦氣 青龍 攀鞍
82~38
身財 己未</td>
<td>天馬 文曲
孤辰 解神 天巫
長生 喪門 小耗 歲驛
92~39
子女 庚申</td>
</tr>
<tr>
<td>陀羅
太陽 旺 科
鳳閣 寡宿 天傷 年解
墓 弔客 官府 月煞
52~35
奴僕 丙辰</td>
<td colspan="2" rowspan="2">天翼紫微斗數
● 簡易斗數風水測量法
陽男 肖馬 出生地 香港
水二局 子斗卯
命主 破軍 身主 火星
大限 流年 流月 流日 流時 小限 宮干
時 日 月 年
甲 壬 乙 戊
辰 午 卯 午
天盤</td>
<td>天府 陷
右弼
紅鸞 八座
沐浴 貫索 將軍 息神
102~40
夫妻 辛酉</td>
</tr>
<tr>
<td>武曲 陷 七殺 陷
地劫
天官 天福 天喜
死 天德 伏兵 咸池
42~34
官祿 乙卯</td>
<td>太陰 旺 權
台輔 龍池 天刑
冠帶 官符 奏書 華蓋
112~41
兄弟 壬戌</td>
</tr>
<tr>
<td>天同 平 天梁 廟
蜚廉 天姚
病 白虎 大耗 指背
32~33
田宅 甲寅</td>
<td>天相 廟
天魁
截空 大耗 天壽 旬空
衰 龍德 病符 天煞
22~32
福德 乙丑</td>
<td>巨門 旺
截空 天哭 天虛 陰煞 旬空
帝旺 歲破 喜神 災煞
12-21
父母 甲子</td>
<td>廉貞 陷 貪狼 陷 祿
月德
臨官 小耗 飛廉 劫煞
2-11
命宮 癸亥</td>
</tr>
</table>

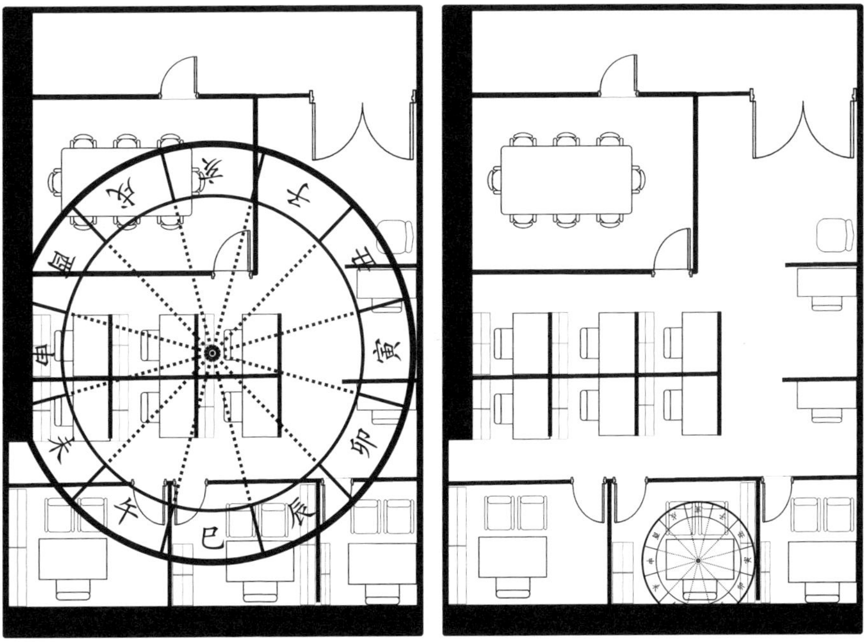
寅
卯
巳
午
未
申

香燭舖起火。斗數風水有理可尋

斗數風水也可以用在店鋪上。

香港仔嘉禾街五至十一號一間香燭舖，負責人開鋪時依習慣拜神，其間火種燃着旁邊雜物起火，大量濃煙冒出，雖然火警觸動自動灑水系統，但仍無法將火救熄，消防接報到場架起升降台開喉撲救，將火救熄。

香燭舖**朝向東北方的嘉禾街**，行車由**右方田灣街而來**，**左方而去**。

起火時**紫微斗數時盤（紫相在辰局）**與**香港年盤（紫相在戌局）相沖**，流年及流月丁干巨門雙化忌使辰位天相成刑忌夾印惡格，流日丙干廉貞化忌會流時武曲化忌，太陽在丑位及火星在未位，亦加入戰局，忌火疊疊。

香燭舖引發火災，紫微斗數是有理可尋的！

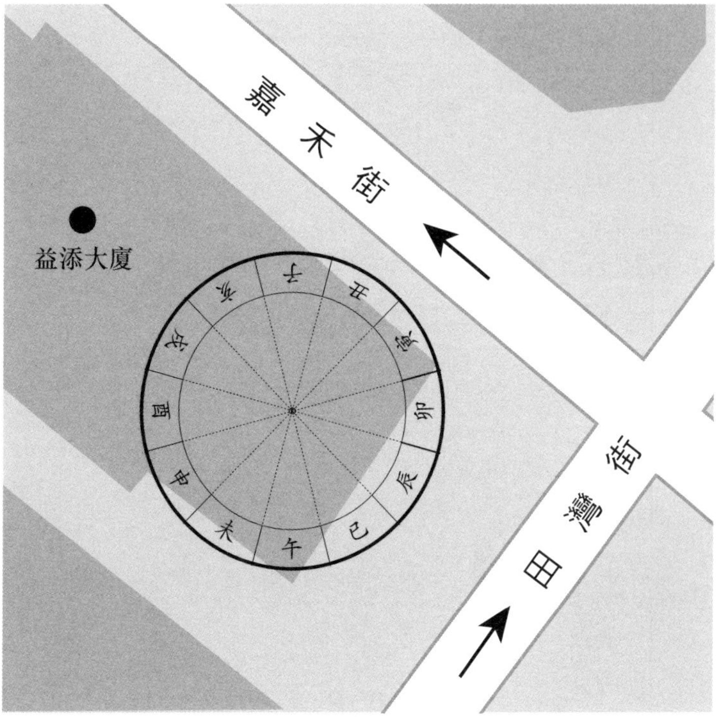

*為何隔離的店鋪沒有發生火災？

聰明的讀者一定明白這玄機所在！

<table>
<tr>
<td>天梁 陷
陀羅
右弼
天廚 破碎 旬空
長生 白虎 力士 指背
104~9
乙巳 福德</td>
<td>七殺 旺
祿存
文昌
封誥 紅鸞 天姚
養 天德 博士 咸池
94~10
丙午 田宅</td>
<td>火星 擎羊
地空
寡宿 恩光
胎 弔客 官府 月煞
84~11
丁未 官祿</td>
<td>廉貞 廟
文曲
天壽 天巫 天傷
絕 病符 伏兵 亡神
74~12
戊申 奴僕</td>
</tr>
<tr>
<td>紫微 天相
陷 旺
陰煞 旬空
沐浴 龍德 青龍 天煞
114~8
甲辰 父母</td>
<td colspan="2" rowspan="2">天翼紫微斗數
● 香燭店起火
陰男 肖雞 出生地 香港
金四局 子斗亥
命主 文昌 身主 天同
大限 流年 流月 流日 流時 小限 宮干

時 日 月 年
壬 丙 丁 丁
辰 申 未 酉

天盤</td>
<td>天鉞
左輔
天哭 天貴
墓 太歲 大耗 將星
64~13
己酉 遷移</td>
</tr>
<tr>
<td>天機 巨門
旺 廟
科 忌
地劫
截空 天虛 天月 八座
冠帶 歲破 小耗 災煞
4~7
癸卯 命宮</td>
<td>破軍 旺
台輔 天空 天使
死 晦氣 病符 攀鞍
54-63
庚戌 疾厄</td>
</tr>
<tr>
<td>貪狼 平
鈴星
天官 截空 月德 大耗 天刑
臨官 小耗 將軍 劫煞
14~6
壬寅 兄弟</td>
<td>太陽 太陰
陷 廟
祿
龍池 鳳閣 年解
帝旺 官符 奏書 華蓋
24~5
癸丑 夫妻</td>
<td>武曲 天府
旺 廟
天喜 天才 解神
衰 貫索 飛廉 息神
34~4
壬子 子女</td>
<td>天同 廟
權
天馬 天魁
天福 孤辰 蜚廉 三台
病 喪門 喜神 歲驛
44-53
辛亥 身財</td>
</tr>
</table>

茶餐廳爆炸。斗數風水有理可尋

土瓜灣長寧街三十五號好味道茶餐廳，懷疑發生石油氣樽氣體洩漏事故，餐廳內突然發生猛烈爆炸，爆炸時餐廳已開門營業，店內有兩名食客，有廚房職員在打開石油氣爐時，突然發生猛烈爆炸，餐廳整個大門口被炸飛。爆炸威力極大，多輛停泊在外的私家車車窗玻璃被震碎，對面車房大閘亦被震毀。不少街坊被巨響驚醒，途人見狀立刻報警，消防員接報趕至現場，發現有四人受傷，其中一名五十八歲傷者嚴重受傷。

茶餐廳朝向東南方的長寧街，

行車由右方落山道轉入而來，左方去到上鄉道。

爆炸時紫微斗數時盤是紫微在子局，

流年及流月丁干巨門入陷垣化忌在未位，

六合的午位貪狼入旺垣、祿存、火星，

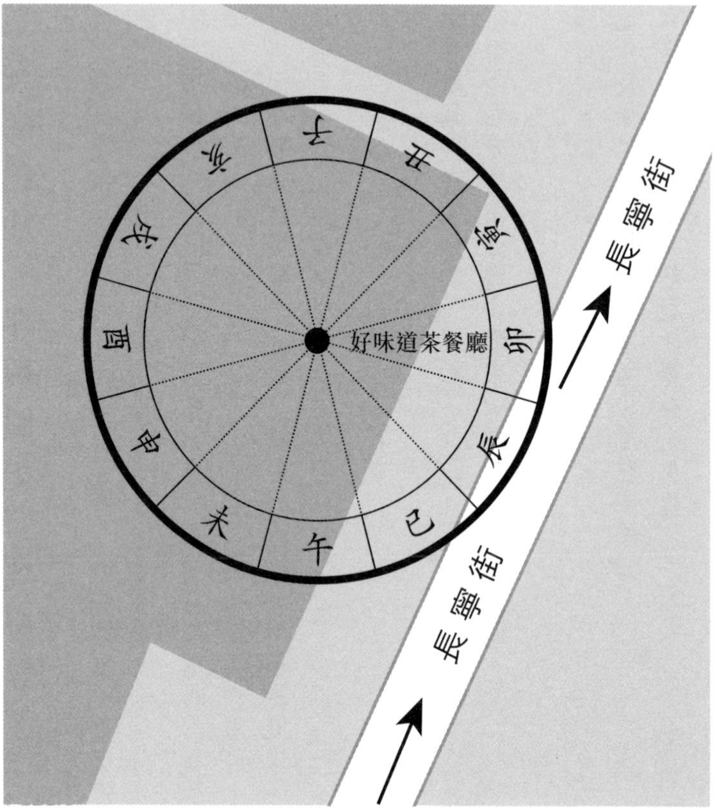

被擎羊及陀羅夾制。

流日庚干天同化忌與流時文曲化忌同時引動，火貪成格而忌火疊疊。

爆炸事件，理應應數四或五之內的受傷者。

茶餐廳爆炸事件，斗數風水是有理可尋的！

*為何鄰近的店舖沒有發生爆炸？

*為何應數於四或五之內？

<table>
<tr>
<td>陀羅
太陰 陷 祿
右弼

封誥 天廚 破碎 旬空
絕 白虎 力士 指背
乙巳 父母</td>
<td>火星
貪狼 旺
祿存

紅鸞 天姚
墓 天德 博士 咸池
丙午 福德</td>
<td>擎羊
天同 陷 權
巨門 陷 忌
文曲 文昌

寡宿 天壽
死 弔客 官府 月煞
丁未 田宅</td>
<td>武曲 平
天相 廟
地空

天巫
病 病符 伏兵 亡神
戊申 官祿</td>
</tr>
<tr>
<td>廉貞 旺
天府 廟

陰煞 旬空
胎 龍德 青龍 天煞
甲辰 命宮</td>
<td colspan="2" rowspan="2">天翼紫微斗數
● 茶餐廳爆炸
陰男 肖雞 出生地 香港

火六局 子斗戌
命主 文昌 身主 天同

童限 流年 流月 流日 流時 小限 宮干

時 日 月 年
己卯 庚子 丁未 丁酉

天盤</td>
<td>太陽 平
天梁 平
天鉞
左輔

台輔 天哭 天傷
衰 太歲 大耗 將星
己酉 奴僕</td>
</tr>
<tr>
<td>截空 天虛 天月 三台
養 歲破 小耗 災煞
癸卯 兄弟</td>
<td>七殺 廟

天空
帝旺 晦氣 病符 攀鞍
庚戌 身遷</td>
</tr>
<tr>
<td>破軍 陷
地劫

天官 截空 月德 大耗 天刑
長生 小耗 將軍 劫煞
壬寅 夫妻</td>
<td>鈴星

龍池 鳳閣 天才 年解
沐浴 官符 奏書 華蓋
癸丑 子女</td>
<td>紫微 平

天喜 解神 恩光 天貴
冠帶 貫索 飛廉 息神
壬子 財帛</td>
<td>天機 平 科
天馬 天魁

天福 孤辰 蜚廉 八座 天使
臨官 喪門 喜神 歲驛
辛亥 疾厄</td>
</tr>
</table>

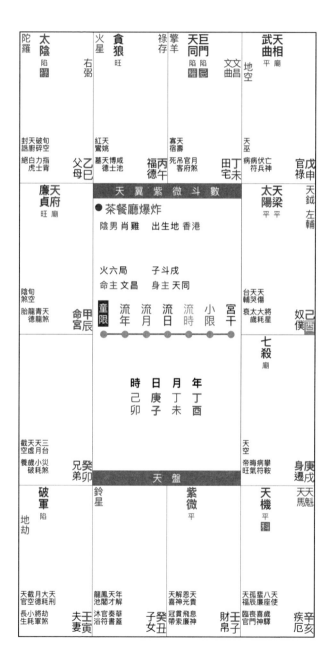

台中心齋橋餐廳爆炸。紫微斗數有理可尋

台中市西屯區西安街逢甲夜市西屯西安街心齋橋餐廳，在二〇一七丁酉年七月十八日中午餐廳發生爆炸，當時餐廳很多人正在用餐，造成十五人受傷送醫，其中一人是孕婦，二到四樓出租套房民眾，受傷嚴重的傷者有高達80%燒燙傷，不止店面全毀，店前的汽車也被波及，傍晚警方在二樓浴室發現一具女性遺體。

心齋橋餐廳朝向南方的西安街，**右前未方為西安街一百七十二巷，左下卯方為西安街二〇五巷。**

餐廳爆炸時紫微斗數時盤是紫微在子局，**流年及流月丁干巨門入陷垣雙化忌與雙擎羊同宮在未位巷口，流日丙干廉貞入旺垣化忌與鈴星及流日陀羅同宮在辰位，流時甲干太陽入陷垣化忌與火星同宮在酉位，沖引卯方巷口，更會見丑位流時陀羅。**

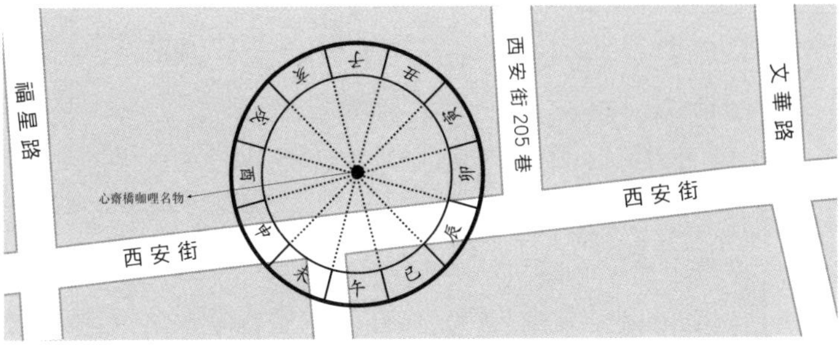

邪火臨申子辰水局更沖引心齋橋餐廳的南方朝向，
同時四主星被忌星重重侵擾，
心齋橋餐廳產生大型爆炸事件，
又證實紫微斗數是有理可尋的！

台灣心齋橋餐廳爆炸，又如上文香港好味道茶餐廳爆炸事件，
又是類似的盤式（紫微在子局），
在同類事件上紫微斗數顯示出同類的盤式，這是巧合嗎？

雖然筆者未正式詳細論述，
我派斗數在風水學上如何正確使用，
但紫微斗數時盤是絕不能忽視的。

** 為何鄰近的店鋪沒有發生爆炸？

<table>
<tr>
<td>太陰 陷 祿
陀羅
地空 地劫
右弼
天廚 破碎 八座 旬空
病 白虎 力士 指背
83~9
官祿 乙巳</td>
<td>貪狼 旺
祿存
紅鸞 天姚 天傷
衰 天德 博士 咸池
73~10
奴僕 丙午</td>
<td>天同 陷 權
巨門 陷 忌
擎羊
寡宿
帝旺 吊客 官府 月煞
63~11
遷移 丁未</td>
<td>武曲 平
天相 廟
封誥 天巫 天使
臨官 病符 伏兵 亡神
53~12
疾厄 戊申</td>
</tr>
<tr>
<td>廉貞 旺
天府 廟
鈴星
文昌
陰煞 旬空
死 龍德 青龍 天煞
93~8
田宅 甲辰</td>
<td colspan="2" rowspan="2">天翼紫微斗數
● 台中餐廳爆炸
陰男 肖雞 出生地 台中
木三局 子斗丑
命主 文昌 身主 天同
大限 流年 流月 流日 流時 小限 宮干
時 日 月 年
甲 丙 丁 丁
午 午 未 酉
天盤</td>
<td>太陽 平
天梁 平
火星
天鉞
左輔
天哭 三台 天貴
冠帶 太歲 大耗 將星
43-52
財帛 己酉</td>
</tr>
<tr>
<td>截空 天虛 天月 恩光
墓 歲破 小耗 災煞
103~7
福德 癸卯</td>
<td>七殺 廟
文曲
天空 天才 天壽
沐浴 晦氣 病符 攀鞍
33-42
子女 庚戌</td>
</tr>
<tr>
<td>破軍 陷
天官 截空 月德 大耗 天刑
絕 小耗 將軍 劫煞
113~6
父母 壬寅</td>
<td>龍池 鳳閣 年解
胎 官符 奏書 華蓋
3~5
命身 癸丑</td>
<td>紫微 平
台輔 天喜 解神
養 貫索 飛廉 息神
13~4
兄弟 壬子</td>
<td>天機 平 科
天馬 天魁
天福 孤辰 蜚廉
長生 喪門 喜神 歲驛
23~3
夫妻 辛亥</td>
</tr>
</table>

斗數擇日個案

筆者發現有很多風水個案，忽視擇日的重要性，以為佈好風水局後便完成任務，誰不知擇日學是守尾門的學問，未完成擇出吉日，亦未能收到預期效果。

若能擇出吉日，風水佈局猶如射燈光柱，很快便能尋找到事主因而產生效能。反觀沒有擇吉日的風水佈局，如英雄無用武之地，漫無目的地將燈光耗盡，最後功虧一簣。

坊間有不少擇日學說，但運用的方法，筆者覺得不是太空疏便是不對題，難給事主迎接吉運。

而我派斗數可以用在擇日上，亦能產生「數」與「象」融合的效果。

在我的風水佈局擇日個案中，太陽到山、太陰到向、天光到臨、

風雨中到吉時天晴……等等吉象，
曾經一眼，印象深刻。
雖然不是晴天便是吉日，
但吉日必有吉象吉兆呼應，
事主能接福，
這是斗數擇日的精妙之處。

流年斗數擇日旺宅

有人説陽宅風水佈局不需要每年看，這種説法沒有錯。但陽宅風水有一催吉之法，就是每年旺宅。等於每年打一支補針，可以令陽宅吉氣儲存長久一些，亦可同時阻止衰氣滋長及漫延。

一般來説，因為經過兩陰陽並存的五行年，（寅虎、卯兔木年，巳蛇、午馬火年，申猴、酉雞金年，亥豬、子鼠水年）就在辰（龍）、戌（犬）、丑（牛）、未（羊）成為雜氣最多及轉氣之年，此時最需要利用旺宅來調整宅氣。

旺宅催吉日，是在新年前後的轉年時候，尋找吉日，令宅主順利吸納吉氣接福。

例如：

陳宅一家。

陳先生——一九七八戊午年出生。

陳太——一九七九己未年出生。

長子——一九九八戊寅年出生。

在坐午向子，即是坐南向北的樓宇居住。

二〇一八戊戌年旺宅。

戊戌年立春早過農曆新年，

選擇了伏吟的正月初四紫殺在巳局吉日。

貪狼入廟垣化祿與武曲入廟垣、天魁同宮在丑位。

太陰入廟垣化權與天同入旺垣、天貴、鳳閣同宮在子位。

太陽入旺垣化科與巨門入廟垣、龍池同宮在寅位。

天機入廟垣化忌與天梁入旺垣、文昌、左輔同宮在辰位。

肖馬的陳先生面對子位同陰化權，有利事業發展。

肖羊的陳太面對丑位武貪化祿吉，有利財運亨通。

子位及丑位六合且吉化提供給陳先生及陳太，亦有助夫妻感情，互相配合。

肖虎的長子在寅位巨日化科，有增長、知識、學習、建立人緣的吉運。

子丑寅三支連珠吉化，亦是陳宅一家主要成員的吉化，當然亦有利家人和睦。

擇午時為吉時，寅午戌三位火局發動，催促廟旺的太陽化科入宅。

當日早上香港仍是霧水濃罩，午時漸露曙光，天光到臨，過吉時後才回復濃霧氣氛。

「數」與「象」配合，天光到臨，吉日吉象吉兆呼應，陳宅接福。

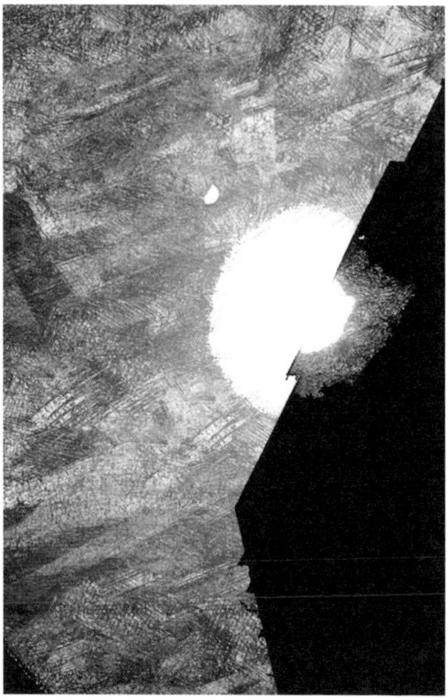

事後

大約一個月後，收到陳先生回饋，說及在意料不到之下，突然升職。陳太也發了一些偏財，特來說聲多謝。

<table>
<tr>
<td>紫七 祿
微殺 存
旺 平
地地
空劫
紅大天旬
鸞耗巫空
病龍博亡 子丁
德士神 女巳
93~8</td>
<td>擎
羊
天天天恩
廚才壽光
死白力將 夫戊
虎士星 妻午
103~9</td>
<td>火 天
星 鉞
寡三八
宿台座
墓天青攀 兄己
德龍鞍 弟未
113~10</td>
<td>天
馬
封天解
誥哭神
絕吊小歲 命庚
客耗驛 身申
3~11</td>
</tr>
<tr>
<td>陀 天天
羅 機梁
廟 旺
忌
左文
輔昌
天旬
虛空
衰歲官月 財丙
破府煞 帛辰
83~7</td>
<td colspan="2" rowspan="2">天翼紫微斗數
● 斗數旺宅催吉
陽男 肖狗 出生地 香港
木三局 子斗午
命主 祿存 身主 文昌
大限 流年 流月 流日 流時 小限 宮干
時 日 月 年
丙 壬 甲 戊
午 午 寅 戌
天盤</td>
<td>鈴 廉破
星 貞軍
平 陷
天
刑
胎病將息 父辛
符軍神 母酉
13~12</td>
</tr>
<tr>
<td>天
相
陷
天天月天
官福德使
帝小伏咸 疾乙
旺耗兵池 厄卯
73~6</td>
<td>右文
弼曲
天
月
養太奏華 福壬
歲書蓋 德戌
23-32</td>
</tr>
<tr>
<td>太巨
陽門
旺 廟
科
龍陰
池煞
臨官大指 遷甲
官符耗背 移寅
63~5</td>
<td>武貪 天
曲狼 魁
廟 廟
祿
截破天天
空碎姚傷
冠貫病天 奴乙
帶索符煞 僕丑
53~4</td>
<td>天太
同陰
旺 廟
權
台截鳳蜚天年
輔空閣廉貴解
沐喪喜災 官甲
浴門神煞 祿子
43~3</td>
<td>天
府
旺
天孤天
喜辰空
長晦飛劫 田癸
生氣廉煞 宅亥
33-42</td>
</tr>
</table>

斗數擇日催吉 ·公司起死回生

斗數擇日不只在住宅上能發揮效用，在公司上也有顯著的功效。

二〇一七丁酉年中，李先生在澳門開辦的公司出現危機，員工集體辭職，客戶又多爛帳，資金短缺，公司一時間陷入倒閉之路。舊客戶介紹他來找我，希望從命理及風水的角度，看看能否渡過一劫。

與李先生見面後，起出命盤及堪察公司風水，知道是幾年前搬到這單位時留下的問題，兼且流年公司的衰氣在膨脹滋生，難怪激發起人財兩失的局面。

李先生在一九六三癸卯年出生。單位坐巳向亥，坐東南向西北。二〇一四甲午年入此單位。

丁酉年是李先生沖太歲，亦是刑剋搬入這單位之年。

除了用簡單的方法為李先生重新佈風水局之外，

亦選擇了五月二十日紫微在午局的吉日作為催促事業運。

太陰入廟垣化祿、天魁、文曲、天馬同宮在亥位，月朗天門格。

天同入陷垣化權與巨門入旺垣化忌同宮在丑位。

天機入平垣化科、鈴星、陀羅同宮在巳位。

肖兔的李先生會見亥位太陰化祿，月朗天門格，有利事業發展。

公司坐向亦是太陰化祿在亥、天機化科在巳的吉位，有利貴人從中扶助。

擇未時，沖走巨門化忌公司內的衰氣。

當日到吉時，忽然風吹雲過，陽光打落在李先生的寫字枱上，

時晴時烈，逗留大約十五分鐘後離開。

又是「數」與「象」配合，
天光到臨，吉日吉象吉兆呼應，
李先生可接福了。

事後

二〇一八戊戌年初，李先生來電說，
上次公司的難關已過，
想請我上澳門走一趟，希望知道
今年公司風水上還有什麼需要注意，
免犯錯再出現問題。

天機 平 科 鈴星 陀羅 天廚 破碎 天姚 天巫 天貴 旬空 長生 白虎 力士 指背 乙巳 遷移 64~9	紫微 廟 地劫 祿存 右弼 紅鸞 陰煞 天使 養 天德 博士 咸池 丙午 疾厄 54~10	擎羊 寡宿 天月 胎 弔客 官府 月煞 丁未 財帛 44~11	破軍 陷 左輔 天才 絕 病符 伏兵 亡神 戊申 子女 34~12
七殺 旺 地空 天傷 旬空 沐浴 龍德 青龍 天煞 甲辰 奴僕 74~8	天翼紫微斗數 ● 斗數擇日催吉 陰男 肖雞 出生地 香港 金四局 子斗卯 命主 文昌 身主 天同 大限 流年 流月 流日 流時 小限 宮干		天鉞 封誥 天哭 恩光 墓 太歲 大耗 將星 己酉 夫妻 24~13
太陽 廟 天梁 廟 文昌 截空 天虛 三台 冠帶 歲破 小耗 災煞 癸卯 官祿 84~7	時 日 月 年 丁 壬 丙 丁 未 申 午 酉 天盤		廉貞 旺 天府 廟 火星 天空 天壽 死 晦氣 病符 攀鞍 庚戌 兄弟 14-23
武曲 平 天相 廟 天官 截空 月德 大耗 臨官 小耗 將軍 劫煞 壬寅 田宅 94~6	天同 陷 權 巨門 旺 忌 台輔 龍池 鳳閣 天刑 年解 帝旺 官符 奏書 華蓋 癸丑 身福 104~5	貪狼 旺 天喜 解神 衰 貫索 飛廉 息神 壬子 父母 114~4	太陰 廟 祿 天馬 天魁 文曲 天福 孤辰 蜚廉 八座 病 喪門 喜神 歲驛 辛亥 命宮 4-13

斗數地運個案

預測某地區運程，古今中外的預測術也非 100% 的準確。

而中國術數預測地運有很多方式，但離不開星象與卦象的運用。

紫微斗數除了能運用在命理上之外，另設年盤，可以用來預測某地區運程。

而當大家看完本書最尾的章節「紫微斗數的建立原理」後，

更可以知道紫微斗數與星象及卦象有切肉不離皮、千絲萬縷的關係，

只要懂得扣入法門，預測地運並非沒有可能的事。

以下是筆者近幾年預測香港運程的紀錄，

早年已貼在各網站，

現再次刊出，讓各讀者品嘗，回憶香港大事。

不敢說 100% 準確，但應該會引起你的共鳴。

二〇一五乙未木羊年香港運程

乙未木羊年，斗數年盤是紫相在戌局。命主武曲入午位。身主天相入戌位。主星太陰入未位。

乙年四化為：天機化祿，天梁化權，紫微化科，太陰化忌。

乙年四化，天梁化權必遇太陰化忌。化權化忌互引，此年香港權力鬥爭在所難免。立法局，政府機構，風起雲湧，風風雨雨，難以安寧。

長輩星天梁化權，忌星疊疊。名人老者到了揮手之期，關口難逃。

紫微化科落入羅網之地，新官上場必有一番掙扎。

天機化祿與巨門同宮，與祿存對沖。
上半年經濟未有復甦，整體經濟比預期反覆偏差。

乙未流年，紫微斗數年盤，
天機化祿入酉位，天梁化權入亥位，
紫微化科入戌位，太陰化忌入未位。

天干陰木剋地支陰土。
地支陰土生納音金。
納音金剋天干陰木。
木有根於土內，剋而不死。

代表明年香港運程雖有反覆，
但驚天動地的大型事情應該不多，或者從中有救。

乙未為甲午旬首的第二年。
而立春節氣早過農曆新年。
春牛圖農夫站在牛身前面。
紫微斗數年盤四化疊聚一域。

意味着這年起哄事件濃烈，
群眾聲音不眠不休。

十年世卦轉運，巽宮卦之蠱卦主導。
乙未木羊為巽宮卦之益卦入年。

流年三碧入中宮，與運八同宮。
流年八白入坎宮，與運四同宮。
運五黃、流年九紫與太歲同行。

紫微化科與天相同宮，天梁化權，天機化祿夾拱。
太陽遇太陰化忌。

新官上任必有一番整頓。
鄰近國家傳來神怪事件，鄰近國家不利消息，聞所未聞。
孩童不幸事件，不可不提防。
娛樂業遭受打擊，未能盡顯光華。
是非之年，炒作事件不少。

乙未年斗數化卦為天風姤四爻動。
本卦天風姤，互卦乾為天，變卦巽為風。

九四包無魚貞凶：包無魚：廚房無魚，沒有東西吃。起凶：運差了。

貨糧已缺，仍無心看錢財，不實際，要重經濟吧！
環境已不好，仍然離開自己的崗位到外邊作客，
或請客來港，傷上加傷，壓力更大。
利尋找正確商機。

乙未木羊年香港十項突顯事情

1 政府官員改組變化或新官上任，必有一番整頓。
2 木羊年香港非富有之年，要看重經濟，不宜冒進，香港經濟危機四伏。
3 外來消息傳來，樓市反覆，從中波幅不定。
4 名人老者到了揮手之期，關口難逃。
5 鄰近國家傳來不良食物飲品，以肉類食品更要小心提防。
6 是年仍有大型交通意外或交通事故之年，不可疏忽，船務航海業更要留神。
7 山泥傾瀉及樓宇結構不穩事件，令人驚恐。
8 孩童不幸事件倍增，家長們要打醒十二分精神。
9 遺產案事件，糾纏不斷。
10 鄰近國家傳來神怪事件消息，聞所未聞。

二〇一五年香港曾經有以下的事件發生

現只撰述一二，未能盡錄，還有很多驚人事件，有興趣的讀者可以在網上搜查回看。

**中央任命盧偉聰為警務處處長。

**七月再有高官離職，今次更一次有兩名局長離任。

**八月恒指收市跌 1158 點。

**美國加息，不少樓宇劈價賤賣。

**三月邱德根汀九家中暈倒送院不治，終年九十歲。

**一代球王綽號大頭仔的胡國雄，因癌病在港島東區醫院病逝。

**已故大少反敗為勝，終院頒令鏞記母公司清盤。

**二月將軍澳隧道公路連環撞，全線擠塞封路兩小時！

**港鐵列車冒煙六百人疏散。

**噴射船海皇星號撞不明物體意外，總共有一百一十六人受傷。

**十八年來首見意外，汲水門橋被船撞，導致出入大嶼山陸路交通癱瘓。

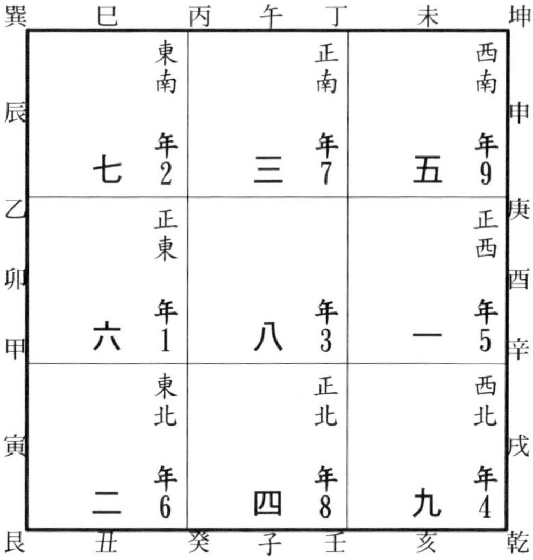

**九歲男童被綁架，
五個月大男嬰猝死，
塞七歲囝入車尾箱，
富家女墮樓亡……等等。

天同 廟 天馬 旬空 吊客 伏兵 歲驛 辛巳	武曲 旺 天府 旺 文昌 截空 天廚 病符 大耗 息神 壬午	太陽 平 太陰 平 忌 截空 太歲 病符 華蓋 癸未	貪狼 平 天鉞 文曲 天福 紅鸞 孤辰 天空 晦氣 喜神 劫煞 甲申
擎羊 破軍 旺 天官 寡宿 旬空 天德 官府 攀鞍 庚辰	天翼紫微斗數 ● 香港乙未年盤 肖羊 出生地 香港 陽曆 2015年 農曆 乙未年 命主 武曲 身主 天相	童限 流年 流月 流日 流時 小限 宮干	火星 天機 旺 巨門 廟 祿 喪門 飛廉 災煞 乙酉
祿存 鳳閣 蜚廉 年解 白虎 博士 將星 己卯	天盤		鈴星 紫微 陷 天相 平 科 貫索 奏書 天煞 丙戌
陀羅 廉貞 廟 天喜 龍德 力士 亡神 戊寅	天虛 破碎 歲破 青龍 月煞 己丑	七殺 旺 天魁 月德 大耗 小耗 小耗 咸池 戊子	天梁 陷 權 天哭 龍池 官符 將軍 指背 丁亥

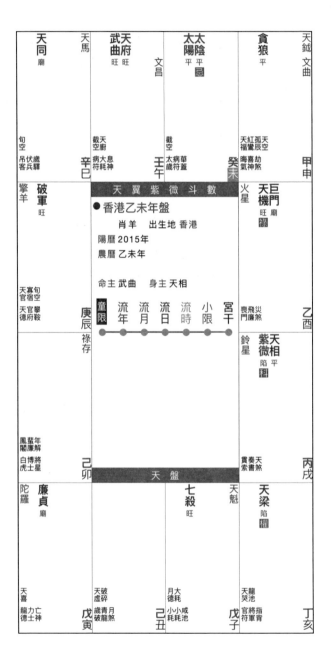

二〇一六丙申火猴年香港運程

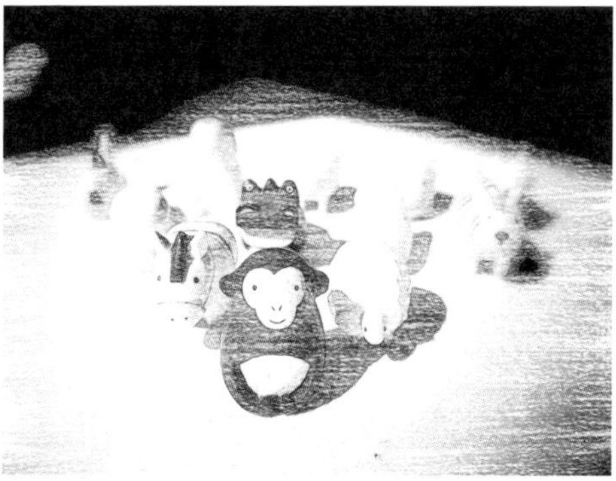

丙申火猴年，斗數年盤是紫相在辰局。

命主廉貞入申位，身主天梁入巳位，主星紫微入辰位。

丙年四化為：天同化祿，天機化權，文昌化科，廉貞化忌。

丙年四化，廉貞化忌與文昌化科同宮，會見陀羅，火星。

紫廉武星系與府相星系在申子辰水局拱照。

是年，香港文化行業受干擾。而且失業情況倍增。

天同化祿必遇天機化權。

化權化祿互引，天同化祿與祿存疊起，可惜被廉貞化忌合纏，命身主祿忌互纏，疊祿被太歲忌侵吞。

經濟轉好的時機也不長久，利益最終歸於掌權者。

紫相局重點的財星位置武府同宮，被忌陀會引，樓宇價格有下降的空間。

丙申流年，紫微斗數年盤，
天同化祿入亥位，天機化權入卯位，
文昌化科入申位，廉貞化忌入申位。

廉貞化忌遇火星。
丙申為天干及納音陽火剋地支陽金。
廉貞陰火及丙干陽火剋太歲金。

而丙申為甲午旬首的第三年，
立春節氣早過農曆新年，節氣早過日數，
春牛圖農夫站在牛身前面。

這年容易遭遇到火災、槍擊、爆炸、爆竊……等等的突發性事件，令人防不勝防。

而政府官員各自意見參商，希望政府與人民能找出平衡的空間。

但亦意味着這年惹起爭議之事仍然熱烈，群眾對抗的聲音永無休止。

猴年基本有五大元素，金、木、水、火、土，
二〇一六年是為火猴年，火的元素突顯。
猴年存在靈巧、活躍、變化、動感的性質，
在十二生肖中以「申」字來代表，是地支的第九位。
「申」字是「日、曰」字加一棟，
「田」字再伸展外出，帶有申斥、發展、突破、有目的的行動意義，
如果某些地方的名字有日、曰、田字的元素，
更能反應火猴年意義的顯象性。

丙申火猴年，旬卦為蠱卦主導，震卦入年。
年紫白二黑入中，流年五黃及歲破飛臨艮方，

沖在坤方的八運的五黃及丙申年火猴太歲，兩皇相逢。
遇上斗數年盤紫微在辰局，命主廉貞化忌入坤卦申位，
天梁身主入巽卦巳位，命身主暗合，
引動震卦上六爻動，香港來年運程豈可安寧？

震為雷，震上震下，二陽四陰，雷驚百里之象，驚恐不屈之震動。
兩雷相逢，驚和動之意。

寓意：表面昌盛風光，內裏正處於多事之秋，
動盪不安之感覺，怨怒橫生，申雪冤屈的事件不少，
諸事被阻，勢必去除，方可成功。

香港丙申火猴流年九項突顯事情

丙申火猴年【斗數化卦】為「大過」。
澤風大過，兑上巽下，四陽二陰，枯木生花之象，
有過分及大過失之意，
寓意來年香港有以下九項突顯事情。

1 政府官員仍有變化，處事公正，行為磊落才是萬無一失。
2 火猴年香港經濟危機四伏，留得住錢財已經很好
3 樓市反覆，有回落趨勢，相信有更多樓宇劈價賤賣。
4 祖國傳來震撼消息，聞所未聞，受人重視。
5 鄰近國家傳來不良食物飲品，危險飲品更要小心提防。
6 冒牌假藥橫行，購買藥物更要小心提防。
7 熊熊火災及樓宇結構不穩事件，令人驚恐。
8 孩童不幸事件仍然倍增，家長們要打醒十二分精神。
9 香港的東南及西北方慎防災禍。

二〇一六年香港曾經有以下的事件發生

現只撰述一二，未能盡錄，還有很多驚人事件，有興趣的讀者可以在網上搜查回看。

** 三月李慧琼辭行會成員稱冀專注議員工作及黨務。
** 七月署理執行處首長丘樹春辭職後閃電留任風波，震動全港。
** 五月歷來最大宗，灣仔警署夾萬失竊，警長涉偷一〇七萬保釋金，潛逃澳門。

**四月出版只有半年的《E週刊》，因資金問題，將縮減刊物頁數及裁員，以削減四到五成開支。

**四月《太陽報》停刊。

**四月《3週刊》派大信封，急召二十人返公司，獲公司派發一封終止僱傭的信件。

**四月《明報》裁員，執行總編輯姜國元凌晨接獲通知被解僱。

**五月星島新聞集團繼上月宣布高層要減薪及前線員工凍薪後，再有新的削減人手行動。

**六月東亞銀行宣布裁員約一百八十人。

**六月焚燒超過四日半燒足一〇八小時，歷來最長工廈火，牛頭角淘大工業村時昌迷你倉火災。

**二月逾十次爆炸，多部拖頭及旅遊巴起火。

**三月囍囍美食，爐頭突然起火，火勢迅速蔓延，店內火光熊熊。

**五月香港罕有大型倒塌事件，城大體育館塌七百噸屋頂，城市大學胡法光運動中心發生恐怖塌頂意外。

** 十月石屎罕見粉化附報紙碎，樓下天花燈及喉都睇到。
** 五月舊中區警署一塊磚牆突倒塌，翻起大量塵埃碎石。
** 二月SOGO塌玻璃門，英勇男撐住被壓傷。

巽	巳	丙 午 丁	未	坤
辰	東南 年1 七	正南 年6 三	西南 年8 五	申
乙 卯 甲	正東 年9 六	年2 八	正西 年4 一	庚 酉 辛
寅	東北 年5 二	正北 年7 四	西北 年3 九	戌
艮	丑	癸 子 壬	亥	乾

** 五月越南膠蝦攻港食壞人，「注膠蝦」掀恐慌!!
** 五月泰國吞拿魚浸水竟變白。
** 八月有汽飲品樽爆炸，東鐵兩人傷。
** 二月屯門田景路三十三號兆隆苑，一個多月大男嬰疑與母親同床同睡昏迷後不治。
** 五月歲半B女猝死，身上有血跡。
** 六月扮懵想接學童，醒目校長嚇退禿頭男。
** 八月葵涌男童疑高處墮下後巷死亡……等等。

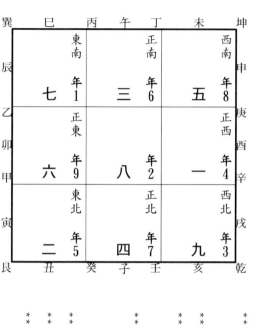

<table>
<tr>
<td>天梁 陷
祿存
天官 截空 旬空
天德 博士 劫煞
癸巳</td>
<td>擎羊
七殺 旺
文曲
吊客 力士 災煞
甲午</td>
<td>紅鸞 寡宿
病符 青龍 天煞
乙未</td>
<td>廉貞 廟 忌
文昌 科
太歲 小耗 指背
丙申</td>
</tr>
<tr>
<td>陀羅
紫微 陷
天相 旺
截空 蜚廉 旬空
白虎 官府 華蓋
壬辰</td>
<td colspan="2" rowspan="2">天翼紫微斗數
● 香港丙申年盤
肖猴 出生地 香港
陽曆 2016年
農曆 丙申年
命主 廉貞 身主 天梁
童限 流年 流月 流日 流時 小限 宮干
天盤</td>
<td>天鉞
破碎 天空
晦氣 將軍 咸池
丁酉</td>
</tr>
<tr>
<td>天機 旺 權
巨門 廟
大耗
龍德 伏兵 息神
辛卯</td>
<td>鈴星
破軍 旺
天哭
喪門 奏書 月煞
戊戌</td>
</tr>
<tr>
<td>火星
貪狼 平
天馬
天虛 鳳閣 年解
歲破 大耗 歲驛
庚寅</td>
<td>太陽 陷
太陰 廟
天喜 月德
小耗 病符 攀鞍
辛丑</td>
<td>武曲 旺
天府 廟
天福 天廚 龍池
官符 喜神 將星
庚子</td>
<td>天同 廟 祿
天魁
孤辰
貫索 飛廉 亡神
己亥</td>
</tr>
</table>

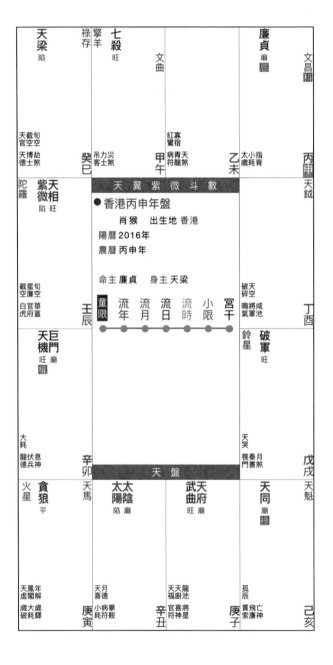

二〇一七丁酉火雞年香港運程

當陰同機巨遇上選舉特首年，
這年怎會不精彩，
怎會沒有濃烈的政治色彩！

斷香港選舉運程，不能忽視香港的龍脈。
香港的龍脈是承接深圳的梧桐山，
梧桐山與香港新界的山脈一脈相承，
位於香港的東北方，這龍脈如何，
正好影響香港運程。

7字尾年份是丁干四化。
太陽星系的天同化權必在三方遇見天機化科。
太陰星系的太陰化祿與巨門化忌
必夾制天府星系的貪狼。
貪狼必六合太陽星系的天同化權。

這微妙的四化及星系定位架構，
匯聚於香港東北方的艮卦位置，
龍脈與香港運程息息相關，
影響香港二〇一七年丁酉火雞流年。

丙戌年出生的胡國興。
庚寅年出生的葉劉淑儀。
辛卯年出生的曾俊華。
甲午年出生的梁振英。
丁酉年出生的林鄭月娥。

誰人能接上山脈龍氣？

依照預測學的邏輯，等齊入閘後才評論吧！

丁酉年為甲午旬首的第四年，

農曆新年是一月二十八日為正月初一，
立春節氣是二月三日晚子時。
農曆新年早過立春節氣，
所以春牛圖農夫站在牛身後面。

如丁酉年香港紫微斗數年盤，丁酉太歲的星曜，
天機化科早過巨門化忌一樣。

寓意這年初時有不少花絮煙幕，
主事者在後，好戲在後頭，重頭戲未到最後，也未見戲肉。

春牛圖農夫站在牛身後面。
丁酉太歲機巨同宮，科忌同纏。
同時也代表政府官員各自意見參商，希望政府與人民能找出平衡的空間。

而皇極經世為噬嗑之妄，引動紫微斗數年盤的四主星！

本卦為火雷噬嗑，離上震下。
噬嗑大象：上唇與下唇間有物，必須咬斷，方能合攏，乃諸事被阻，務必去除，方可成功。

如兩龍相遇，正剋應香港選舉年，司長級，特首有變。喉中有物，爭鬥，箝制難免，相信是說當中的過程吧！

變卦為天雷無妄，乾上震下。
無妄大象：雷動於天，陽氣舒發，為真實無虛妄之意，忌邪曲荒謬之事。
因此妄行必成災，失敗者在於妄動！

香港丁酉火雞流年九項突顯事情

丁酉火雞流年【斗數化卦】為「晉之嗑」卦。
本卦是火地晉，火土臨門，象徵兩女相逢。
變卦是火雷噬嗑，雷火爆現，變化成龍鳳爭鬥。
陰陰變陰陽，是陽是陰，忽晴忽暗，

寓意來年香港有以下八項突顯事情。

1 火雷噬嗑，龍鳳爭鬥，不用多講，今年政治色彩濃厚，政府官員有變化。如提供資料無誤：鳳不妄為，必隨勢而成。龍回顧祖，才巧奪天機。

2 火雞年香港經濟走下坡，失業數字倍增。

3 買賣樓宇阻礙不少，成交量不樂觀，想利用樓宇生財並非容易之事。

4 鄰近國家影響香港，香港難有扶持。

5 病神當道，干擾呼吸系統危害健康，而流質食品、飲品也需提防。

6 大型交通意外事件呈現，令人驚恐。

7 感情與錢財糾纏的事件個案倍增，各自需忍讓。

8 香港的東南及西北方慎防災禍。

斗數年盤揭示二〇一七年香港行政長官選舉

密雲微雨，早上很忙，
在工作時候，手機不停響起訊息，
但忙於工作，未能即時看訊息及留言。

申時，終於完成工作，看回訊息及留言，
大部分訊息及留言的意思都是，
「如你所說，林鄭勝出！」

即時回想起當日寫下的香港斗數年盤批文，
整個香港人關心的選舉過程，
早有明示，不難看出玄機所在。

丁酉火雞流年【斗數化卦】為「晉之噬嗑」卦。
象徵兩女相逢，變化成龍鳳爭鬥。
陰陰變陰陽，是陽是陰，忽晴忽暗。

火雷噬嗑，龍鳳爭鬥。
鳳不妄為，必隨勢而成。
龍回顧祖，才巧奪天機。

有人問我，沖犯太歲者，不是行衰運嗎？
為何在今次選舉上最有實力及最令人關注的，
就正是沖犯太歲的人？

筆者對沖犯太歲的解説，
非一般坊間的流年書本説法。
覺得最基本是要懂得斗數年盤的運用，才能判斷正確。

正如今次選舉，最早離場及落後者，是肖犬及肖虎，
非肖兔及肖雞。

誰人發放煙幕，誰人能承接龍脈，
在斗數年盤中能看出一二！

二〇一七年香港曾經有以下的事件發生

現只撰述一二，未能盡錄，有興趣的讀者可以在網上搜查回看。

**三月是龍鳳爭鬥，非鳳鳳之爭！選舉結果，誰人能走上山脈接收龍氣，現有目共睹。

**十月巴士上層劏開。

**九月深水埗長沙灣道與欽州街交界，放工繁忙時間發生一宗逾三十人死傷的嚴重車禍。

**九月豐田混能私家車機件故障發生火警，車頭焚毀。

**二月三十八年來最嚴重的列車縱火案，六十歲男子潑淋易燃液體自焚，事件中十八人受傷，其中四人情況危殆。

**二月港鐵荃灣線列車，發生列車縱火案，就是在尖沙嘴，位於香港西北方。

**二月五十八歲姓歐男子在鑽石山瓊山苑瓊瑛閣單位內，將五十六歲妻子勒斃，隨後墮樓身亡。

**九月城巴車廂發生恐怖情殺案。理工大學畢業生，突然拔出長刀，發狂刺向二十歲女友。

**十一月深水埗疑發生斬妻後跳樓亡倫常血案。

**十一月持雙程證男子在旺角有成大廈劏房單位內，因錢銀問題與妻子爭吵，利刀斬妻。

巽	巳	丙 午 丁	未	坤
辰	東南 年9 七	正南 年5 三	西南 年7 五	申
乙 卯 甲	正東 年8 六	年1 八	正西 年3 一	庚 酉 辛
寅	東北 年4 二	正北 年6 四	西北 年2 九	戌
艮	丑	癸 子 壬	亥	乾

**三月「魔咖媚飲」飲品含壯陽藥類似成分，衞生署呼籲市民切勿購買或飲用，並聯同警方行動，拘捕一名四十歲女子調查，涉嫌非法售賣及管有第一部毒藥……等等。

<table>
<tr>
<td>天同 廟 權
陀羅
文曲
天廚 破碎 旬空
白虎 力士 指背
乙巳</td>
<td>武曲 旺
天府 旺
祿存
紅鸞
天德 博士 咸池
丙午</td>
<td>太陽 平
太陰 平 祿
擎羊
寡宿
吊客 官府 月煞
丁未</td>
<td>貪狼 平
病符 伏兵 亡神
戊申</td>
</tr>
<tr>
<td>破軍 旺
旬空
龍德 青龍 天煞
甲辰</td>
<td colspan="2" rowspan="2">天翼紫微斗數
● 香港丁酉年盤
肖雞 出生地 香港
陽曆 2017年
農曆 丁酉年
命主 文昌 身主 天同
童限 流年 流月 流日 流時 小限 宮干
天盤</td>
<td>天機 旺 科
巨門 廟 忌
天鉞
文昌
天哭
太歲 大耗 將星
己酉</td>
</tr>
<tr>
<td>火星
截空 天虛
歲破 小耗 災煞
癸卯</td>
<td>紫微 陷
天相 平
鈴星
天空
晦氣 病符 攀鞍
庚戌</td>
</tr>
<tr>
<td>廉貞 廟
天官 截空 月德 大耗
小耗 將軍 劫煞
壬寅</td>
<td>龍池 鳳閣 年解
官符 奏書 華蓋
癸丑</td>
<td>七殺 旺
天喜
貫索 飛廉 息神
壬子</td>
<td>天梁 陷
天馬 天魁
天福 孤辰 蜚廉
喪門 喜神 歲驛
辛亥</td>
</tr>
</table>

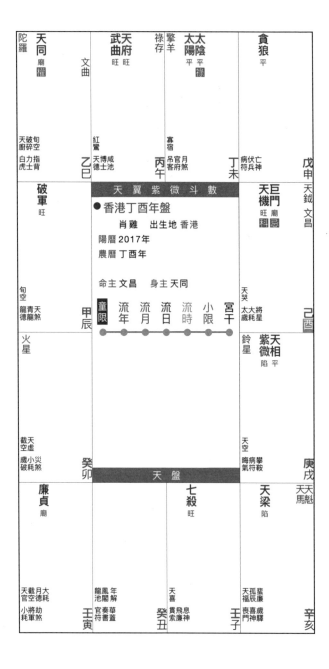

二〇一八戊戌土犬年香港運程

二〇一八戊戌土犬年四化：

貪狼化祿，太陰化權，太陽化科，天機化忌。

天府星系的貪狼化祿。
太陰星系的太陰主星化權。
太陽星系的太陽主星化科及天機化忌。
特色是沒有紫微星系（紫微、廉貞、武曲）參與四化。

斗數四化

貪狼化祿，使人們貪慾增加，是否有過分積極進取，就是問題的關鍵。
太陰化權，有地位的女性今年較為觸目。
太陽化科，名人及與聲名有關的事件不難發現。
天機化忌，機深禍更深，陰謀，犯罪事件倍增。

紫微斗數年盤

當九紫入中之年，太陰化權受太陽化科，天機化忌及陀羅影響，命主祿存在巳位巽卦，身主文昌在申位坤卦，今年女性受干擾或受害的情況有增加趨勢。

紫破在未局，命主祿存在巳位，身主文昌在申位。斗數四化，貪狼化祿在亥位，太陰化權在戌位，太陽化科在辰位，天機化忌在午位。整體架構，雙祿對沖，煞忌不太結聚，可說是險中求勝，化險為夷之年。

而戌位太歲與太陰化權、擎天同宮，遇見午位天機化忌、擎羊、白虎、大將軍、天雄，寅位天梁、官符，是政務官員，警務人員積極行動之時。

日科月權在旺垣與陀羅對沖戌位太歲火庫，

難免引起男女感情不合或拖拉的禍害事件。

天機化忌與陀羅夾制命主祿存，
又形成雙祿對沖的局面，財務糾紛事件，亦不能忽視。

命主祿存入巳垣與元辰同宮，
被鄰宮太陽星系的太陽化科、天機化忌、擎羊、陀羅夾拱，
亥位的廉貞、貪狼化祿及流年太陽對沖，
是年天氣反覆，遇上巨風，溫度上升，炎炎夏季，汗流浹背，
家宅空調不可不預先作好準備！

春牛圖

立春節氣是二月四日丁卯日，
農曆新年是二月十六日己卯，
立春節氣早過農曆新年，
所以春牛圖農夫站在牛身前面。

牛尾擺向左邊代表是陽年。
農夫不戴帽則炎熱。

年旬

戊戌年是甲午旬首的第五年，
已是本旬的中段了，
同時也踏入香港水口乾宮卦之內。

皇極經世

震宮卦變兑宮卦，隨之萃，初爻動。
澤雷隨，兑上震下，三陽三陰，乘馬逐鹿之象。
澤地萃，兑上坤下，二陽四陰，水在地上聚集。

流年紫白

九紫入中，四祿入離卦，朱雀燄氣日盛。

年禽

西方白虎七宿，胃土宿星值年，雉雞臨門。

當斗數年盤的貪祿化祿、太陰化權、太陽化科、天機化忌，遇上立春早過新年，隨之萃，九紫入中，胃土值年，斗木主事。

這一年凡事先聲奪人，是真是假，真身後現。人們多附和跟隨事件，潮流風氣日盛，一窩蜂的做法頻仍！熱烘烘的聚集，適可宜止吧！不可未看清楚，只湊熱鬧便亂跟風做事，否則容易被流言所誤，引起不吉。交通不良事件也不容忽視！

斗數年盤化卦為隨之澤

與皇極經世相同的澤雷隨，兑上震下，三陽三陰之卦，上金剋下木之象。剛來而下柔，動而說。乘馬逐鹿之象，隨遇而安之意，宜跟隨及附和。

六二爻動，繫小子，失丈夫。

不要貪圖短暫的利益、要有長期投資的心理準備、否則會因小失大。

比喻凡事要選擇，不可兩者兼得。貪者得個貧，必有損失。

六二爻發動，受鄰近國家追趕及威脅。

香港需要努力及進步，否則漸漸落後於鄰近國家。

戊戌年香港十一項突顯事情

1 政府官員、議員偏向積極，建議、提議、行動增多。

2 土犬年香港經濟尚算平穩，外來資金或入股事件呈現。

3 政府處理房地產事情仍有困難，給市民很有落差的感覺。

4 明目張膽的犯罪犯法手法日漸增多。

5 不良疾病，引來發熱、發炎、心血管產生毛病。

6 醫療錯誤事件不可忽視。

7 孩童不幸事件仍然倍增，家長們要打醒十二分精神。

8 女性或名人健康不良，遇上關口。

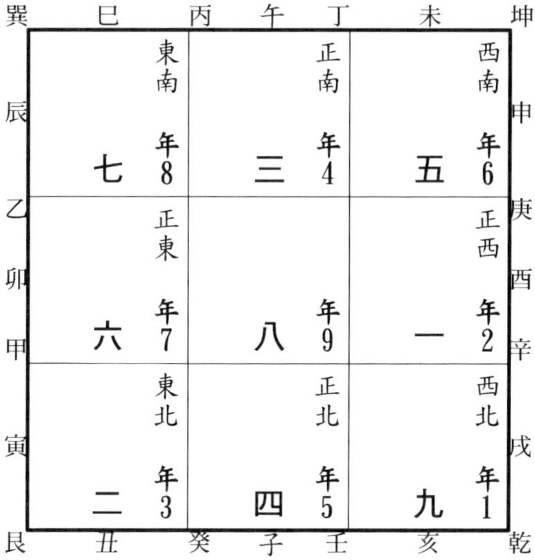

9 交通意外及大型火災不可不提防。

10 香港的東南及西北方慎防災禍。

11 男女感情事件引起禍害，誰是誰非？

二〇一八年香港將會有什麼重要事發生，留待讀者們抄寫及核對吧！

祿存 紅鸞 大耗 旬空 龍德 博士 亡神 丁巳	擎羊 天機 廟 忌 文曲 天廚 白虎 官府 將星 戊午	紫微 廟 破軍 廟 天鉞 寡宿 天德 伏兵 攀鞍 己未	天馬 文昌 天哭 吊客 大耗 歲驛 庚申
陀羅 太陽 旺 科 天虛 旬空 歲破 力士 月煞 丙辰	天翼紫微斗數 ● 香港戊戌年盤 肖狗 出生地 香港 陽曆 2018年 農曆 戊戌年 命主 祿存 身主 文昌 童限 流年 流月 流日 流時 小限 宮干		天府 陷 病符 病符 息神 辛酉
鈴星 武曲 陷 七殺 陷 天官 天福 月德 小耗 青龍 咸池 乙卯	天盤		太陰 旺 權 太歲 喜神 華蓋 壬戌
天同 平 天梁 廟 龍池 官符 小耗 指背 甲寅	火星 天相 廟 天魁 截空 破碎 貫索 將軍 天煞 乙丑	巨門 旺 截空 鳳閣 蜚廉 年解 喪門 奏書 災煞 甲子	廉貞 陷 貪狼 陷 祿 天喜 孤辰 天空 晦氣 飛廉 劫煞 癸亥

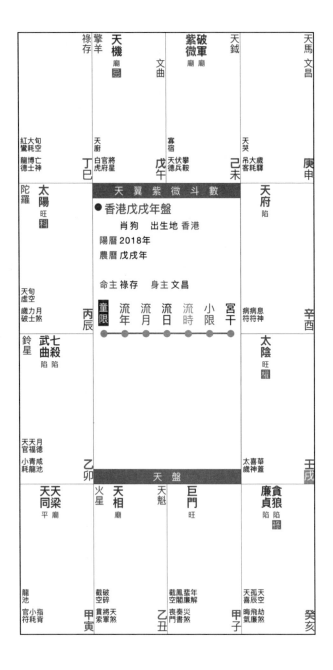

學理篇

斗數留下易理

學理篇

．斗數留下易理

我相信紫微斗數是有一定的學理支持，
並非只是一堆神煞名稱，或是閉門造車的統計，
便在命盤中任由你抽取運用。
或是依命盤宮垣十二格內朗讀星曜性質，
便等於認識命盤及懂得運用。

正確的概念能建立良好的學理，
學理健全便……

沒有共盤的束縛。

沒有僵硬的論命、算命、批命。

沒必要在套命。
宿命論、非宿命論沒有產生矛盾。
也能發揮紫微斗數應有的預測、
剋應、趨避功能。

你曾經看過
以下的紫微斗數的學理嗎？

紫微斗數骨子裏與易理並存，
遠古時代是為極大秘密，
現在與你分享。

命身主的秘密。如何確定紫微斗數的命身主

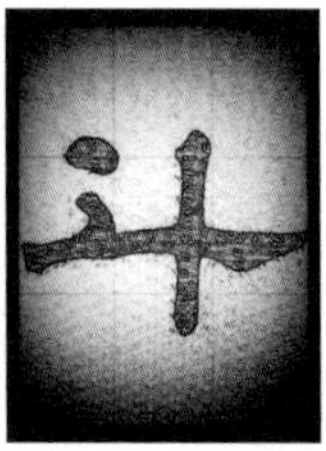

定紫微斗數命身主星曜，坊間一向雜亂，前後不同版本，各有不同說法。

大家有沒有想過，為何命身主只是某些星曜？

要真正明白這個問題，我派斗數有確實的學理支持。來一篇學理性文章，讓後學者及研究者品嘗。

紫微斗數發展至今，有不少基本架構及運用方法，仍然令研究者及後學者滿腹疑團！

筆者在很久之前已發表過紫微斗數可運用六合宮垣的文章，及四主星系的確定，使人明白星系定位的核心，令後學者及研究者一一迎刃而解。之後坊間斗數書本逐漸出現這類似的說法，總算能為紫微斗數扶正。

而紫微斗數設有的命身主，

也是另外一個令後學者及研究者百思不得其解的疑問。

筆者至今仍然未看見過，有同好發表命身主的來由與我派斗數理論相近，

今日在此揭露，希望猶如六合宮垣及四主星文章，令紫微斗數的真貌呈現。

坊間紫微斗數的命身主定星法，最大差異有以下幾點：

1 命主星曜是以事主的出生年支或是命宮地支定星？

2 身主子午年生人是火星、鈴星、天府或七殺定星？

3 命身主星曜為何只是某些十四正曜及輔助煞曜，其他星曜沒有參與？

命主：子貪狼，丑亥巨門，寅戌祿存，卯酉文曲，辰申廉貞，巳未武曲，午破軍。

身主：**子午火星／鈴星／天府／七殺**，丑未天相，寅申天梁，卯酉天同，辰戌文昌，巳亥天機。

各位先看看古書如何記載。

《紫微斗數全書》

命主：以命宮地支定命主星。

身主：子年生人為火星，午年生人為鈴星。

《紫微斗數全集》

命主：以生年支定命主星。

身主：子年生人為鈴星，午年生人為火星。

《紫微斗數捷覽》

命主：以生年支定命主星。

身主：子年生人為鈴星，午年生人為火星。

《秘傳紫微》

身主：子午年生人為鈴星。

《斗數宣微》

命主：以生年支定命主星。

身主：子年生人為鈴星，午年生人為火星。

《陸斌兆紫微斗數講義》

命主：以生年支定命主星。

身主：子年生人為鈴星，午年生人為火星。

另有斗數派別

命主：以命宮地支定命主星。

身主：子年生人為天府，午年生人為七殺。

拆解疑團

坊間有斗數同好，以北斗星系及南斗星系來定命身主星曜。

北斗星系：紫微、貪狼、巨門、祿存、文曲、廉貞、武曲、破軍、擎羊、陀羅、左輔、右弼。

南斗星系：天府、天機、天相、天梁、天同、七殺、文昌、火星、鈴星、天魁、天鉞。

可是大家有沒有想過，為何輔助煞曜中的昌曲、祿存、火鈴可以是命身主星，而紫微、太陽、太陰、魁鉞、左右、羊陀不列入命身主星曜內？

是受南北斗星系的影響嗎？

而某些派別的身主星曜，更以十四正曜的天府、七殺來代替火星及鈴星。但在大部分古書沒有刊載，以及當文昌、文曲可以列入命身主內，這修改未必是最好的確定。

如果命身主是有一定的系統軌跡，疑團便能解開。大家不妨回看我派斗數的四主星系架構，必有一番共鳴。

命主星以出生年支尋找

命主星曜基本上各派相同，只是不同在命宮地支定星或是出生年支定星。

筆者覺得命身主必須以年份定位，因為命身主星系是非單一四建單位產生的星系，而十四正曜與年時系星有密切關係，非宮垣體系。

命主：貪破巨祿曲廉武

子是貪狼，午是破軍；丑亥是巨門，寅戌祿存；卯酉是文曲，辰申是廉貞；巳未是武曲。

天府星系：貪破。
太陰星系：巨門。
年時星系：曲祿。
紫微星系：廉武。

*命主星系的建立出自於天府星系、紫微星系、太陰星系、年時星系，而太陽星系必不在命主星系內。

身主：鈴火相梁同昌機

子是鈴星，午是火星；丑未是天相，寅申是天梁；卯酉是天同，辰戌是文昌；巳亥是天機。

天府星系：天相。
太陰星系：天梁。
年時星系：火鈴昌。
太陽星系：機同。

身主星系的建立出自於天府星系、太陰星系、太陽星系、年時星系，而紫微星系必不在身主星系內。

依以上的排列系統，可以發現四主星是不應該參與命身主星系的，因為四主星已是主星，眾星首領，不需要在命身主中再出現。

為何七殺也沒有在命身主星系內？

因為紫微，太陽，太陰沒有必定相對的星曜，只有七殺必與四主星的天府相對，因此必需跟從天府不入命身主星系內。

與年時星系有關係的星曜在紫微斗數的輔助煞曜中，由於火星、鈴星、文昌、文曲、祿存亦可以在獨立的年份及年時單位同時出現，因此重視年份的命身主，亦包含他們在內，需要加入在命身主星系內。

而天魁、天鉞、左輔、右弼、擎羊、陀羅，是獨立的四建單位，非在這星系系統內，因此難以代表。

紫微星系不在身主星系，太陽星系不在命主星系，這互換的關係亦有深層意義，這更與運用技巧有關，有機會再談。

我派斗數命身主承傳如下：

四主星及七殺不列入命身主星系內。

昌曲、火鈴與祿存是年時星系，需要列入在命身主星系內。

命主星系是紫微星系、天府星系、太陰星系、年時星系的組合。
紫微星系的廉武，要列入命主內。
天府星系的貪破，要列入命主內。
太陰星系的巨門，要列入命主內。
年時星系的祿曲，要列入命主內。

身主星系是太陽星系、天府星系、太陰星系、年時星系的組合。
天府星系的天相，要列入身主內。
太陰星系的天梁，要列入身主內。
太陽星系的機同，要列入身主內。
年時星系昌火鈴，要列入身主內。

這存在平衡狀態的命身主星曜排列，能確定星曜的存在，
更可以確定命主應以出生年支來定星曜，非以命宮地支來定，

學習者及研究斗數者對以上的理解又豈可不知！

當了解及明白命身主星系的建立，它的運用方法，當然非如坊間所說，命身主星曜坐入的宮垣為顯著這麼簡單。

後文亦會敘述命主、身主與南北斗的數序關係，請閱覽命主、身主的設立章節吧！

紫微斗數與面相的關係

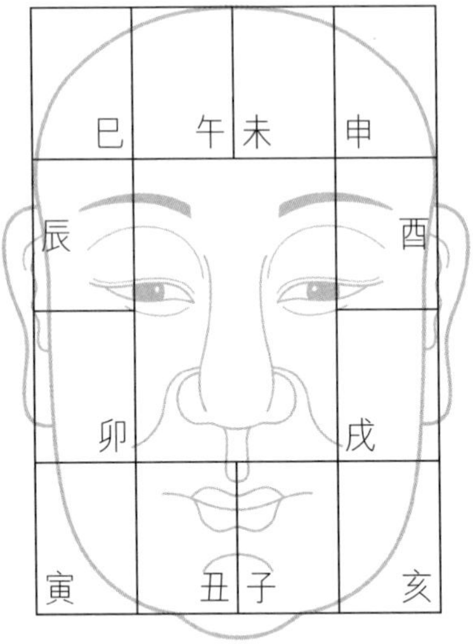

紫微揭面相身宮之秘

在歷代的紫微斗數的典籍中，留下《形性賦》一文，幫助讀者及後人了解紫微斗數與面相的關係。這文賦除了可以辨別事主命盤真偽之外，也可以扶助了解事主運程。

以面相來預測的長處，在於能反映事主的心性及近一年內的運氣及發生的事情。

而紫微斗數的功能較多，預測運氣的應期亦較有彈性，遠則幾十年後相應，近則一個時辰之內剋應。

當兩門術數同時互相反映時，運氣及事情的發生更加顯現。

研究相學者，大部分人只知道面相有十二宮：
（命宮、兄弟宮、夫妻宮、子女宮、財帛宮、疾厄宮、遷移宮、奴僕宮、官祿宮、田宅宮、福德宮、父母宮），卻忽略了身宮，
其實當知道紫微斗數與面相有千絲萬縷的關係後，
面相的身宮也會呼之欲出，筆者在此點出及揭露。

基本上身宮可以與命宮、夫妻宮、財帛宮、遷移宮、官祿宮、福德宮同宮。
卻用六合宮垣與兄弟宮、子女宮、疾厄宮、奴僕宮、田宅宮、父母宮貫穿。
*紫微斗數的六合宮垣概念，在十多年前，
筆者早已在網上或著作上發表過，各讀者可以查閱。

因此某些命格的出生時辰，**特別需要很留意面相及命盤中的身宮位置**。

子午時出生者——**命宮與身宮同度**
子時（當天～凌晨 0:00 – 上午 0:59 / 當天～晚上 23:00 – 23:59）
午時（上午 11:00 – 上午 12:59）

丑未時出生者——**福德宮與身宮同度**

丑時（上午 01:00 — 上午 02:59）

未時（上午 13:00 — 上午 14:59）

寅申時出生者——**官祿宮與身宮同度**

寅時（上午 03:00 — 上午 04:59）

申時（上午 15:00 — 上午 16:59）

卯酉時出生者——**遷移宮與身宮同度**

卯時（上午 05:00 — 上午 06:59）

酉時（上午 17:00 — 上午 18:59）

辰戌時出生者——**財帛宮與身宮同度**

辰時（上午 07:00 — 上午 08:59）

戌時（上午 19:00 — 上午 20:59）

巳亥時出生者——**夫妻宮與身宮同度**

巳時（上午 09:00 – 上午 10:59）

亥時（上午 21:00 – 上午 22:59）

要注意紫微面相什麼位置

紫微面相學很重視事主出生時辰，
因為出生時辰，直接話你知面相什麼宮位什麼地方最需要留意。

子午時出生者

子時（當天～凌晨 0:00 － 上午 0:59/ 當天～晚上 23:00 － 23:59）
午時（中午 11:00 － 中午 12:59）

命宮與身宮同度，印堂位置，不可破相及氣色暗褐，
否則必災禍連連，血光成災。
紅潤而有光澤，好運自然來。

丑未時出生者

丑時（上午 01:00 － 上午 02:59）/ 未時（下午 13:00 － 下午 14:59）

福德宮與身宮同度，如圖中兩眉上斜角位置，最怕出現三角紋或井形紋，代表事主憂心過慮，心緒不寧，衝動而出事。福德宮飽滿，得貴人扶持。

寅申時出生者

寅時（上午03:00－上午04:59）／申時（下午15:00－下午16:59）

官祿宮與身宮同度，如圖中印堂對上位置，最怕出現川字紋、深刻橫紋或井形紋，代表事主事業不濟，小則是非口舌，重則官非或入獄。官祿宮平滑有光澤，有利比賽、考試及事業運程。

卯酉時出生者

卯時（上午05:00－上午06:59）／酉時（下午17:00－晚上18:59）

遷移宮與身宮同度，如圖中福德宮對上的位置。喜歡經常外出旅行或移民者，卯酉時出生要更加留意。

遷移宮太多雜紋或有青筋，代表事主外出時多阻滯，出現刀形紋容易有交通意外，出外多凶險。

遷移宮平滑有光澤，代表外出順利，有利在異地發展。

辰戌時出生者

辰時（上午 07:00 – 上午 08:59）/ 戌時（晚上 19:00 – 晚上 20:59）

財帛宮與身宮同度，如圖中在鼻的位置上，代表事主財運。

財帛宮出現巨痣、暗瘡或紅腫，這是破財之時，最忌好賭及投機。

如果準頭有肉，投資得利。鼻翼承準頭得宜，有利投機及有偏財運。

巳亥時出生者

巳時（上午 09:00 – 上午 10:59）/ 亥時（晚上 21:00 – 晚上 22:59）

夫妻宮與身宮同度，如圖中在眼則兩旁的位置，代表感情運。

夫妻宮過於腫脹或出現多深刻的雜紋、井形紋，事主處理感情事混亂，容易出現第三者，時常有揀錯對象的感覺。

如果夫妻宮平滑有光澤，為人重情義，處事感情以對方為重。

紫微。面相。命宮六合的秘密

命盤早已非共盤論！

筆者在十多年前已提出過紫微斗數六合的秘密，承師傳紫微斗數重視命身宮的說法，貫穿紫微斗數形性賦的精神，擺脫坊間以盤定盤及以程式容量來確定預測的準確程度。如果明白什麼是術數，命盤其實不會是共盤論！

上文已說過身宮能與命宮、夫妻宮、財帛宮、遷移宮、官祿宮、福德宮的六個宮垣同宮，是看面相時要留意的重點宮垣。

今篇文章要介紹當命宮與兄弟宮、子女宮、疾厄宮、奴僕宮、田宅宮、父母宮的六個宮垣同宮時，也是看面相需要留意的重點宮垣。

命宮在子或午位。定位架構必六合父母宮

命宮在子午位者，最要細心觀察位於面相日月角的父母宮位置。

在日月角的父母宮，氣色上的變化可以影響事主。

一般來説，當黑或白氣色出現時，運程反覆較大。

輕則與父母不和，重則家中長者生災病，事主也遇上大壓力的考驗！

若果是黃氣充沛或微紫泛光，主有長輩提攜，有靠山。

命宮在丑或未位。定位架構必六合兄弟宮

命宮在丑未位者，最要細心觀察眉毛的狀態。

眉毛突然出現的白毛、甩毛、生暗粒、生瘡，也會影響事主運程。

主凡事節外生枝，難平順，很多事情也要翻手處理。

若果是眉清目秀或眉形有勢，便能得平輩之助，人際關係也不俗。

命宮在寅或申位。定位架構必六合子女宮

命宮在寅申位者，最要細心觀察淚堂的情況。

淚堂最怕多雜紋，呈現瘀黑色的色素，主事主欠活力，沒出路，欠貴人，事事難有轉機。

若果淚堂飽滿，隱藏微紅彩光，代表將有好事到來，喜慶事件不少。

命宮在卯或酉位。定位架構必六合疾厄宮

命宮在卯酉位者，最要細心觀察鼻骨位置的曲直氣勢狀態。

鼻骨位置最怕起節不平，

呈現青色主疲勞，容易病從口入，要注意飲食。

呈現白色主健康不良，內藏隱疾，可能需要入院檢查身體。

呈現赤色主血光之災，不利外出離開血地。

若果事主鼻直顴高，充滿黃氣或紅光泛起，代表體力充沛，能得意外之財。

命宮在辰或戌位。定位架構必六合奴僕宮

命宮在辰戌位者，最要細心觀察，腮位及唇邊兩旁的色素。

腮位及唇邊兩旁的位置，最怕有很明顯的紫色。

平滑有光澤，主有得力之下屬幫助。

若呈現紫色主有以下犯上之事，因下屬而惹事端。

命宮在巳或亥位。定位架構必六合田宅宮

命宮在巳亥位者，最要細心觀察眼簾的情況。

眼簾突然生暗粒、生大瘡及呈現黑或白色色素，

事主要小心門窗了，容易有窗門漏水之事或小偷入屋的可能。

若果事主眼簾呈現黃氣，主家宅平安，是置業的好時機。泛起紅氣，家宅人和，有增加人口的情況。

紫微斗數古籍。《紫微斗數全書》木刻板

如何了解古書？

一向坊間流傳的《紫微斗數全書》，多數是民國石印版或現代植字版，如竹林書局、上海錦章圖書局等等的版本，而《紫微斗數全書》木刻版本流傳在外不多，筆者有幸偶遇幾個木刻版本。

在十幾年前筆者已公開教授《紫微斗數全書》及《全集》課程，無私的給學員《紫微斗數全書》木刻版本，令學員了解紫微斗數的歷史痕跡。

近日偶然發現有《紫微斗數全書》木刻版本面世，稱是現存在世已知最接近《全書》原貌的版本。書內刊出是繼述堂藏版及敦化堂藏版，與筆者當年給學員的文盛堂藏版名不同。

有趣的是文盛堂藏版與繼述堂藏版的字體、排式、缺字情況樣樣相同，只是略覺顏色及深淺度不同。

極有可能是同一版本而不同的書本列印出來，或者是經電腦調整修改出來的效果吧！

而敦化堂藏版的字體有別於文盛堂藏版與繼述堂藏版，應該是另一版本。
兩個版本字體不同也能一起合併刊出來，現今科技真發達，
但就失去古籍原汁原味的感覺！

而紫微斗數古籍流傳不多，一向學習斗數者多以古本或師傳來確定學理根基。

文盛堂藏版的紫微斗數四化，戊年是貪陰弼機、
庚年是陽武同陰、壬年是梁紫府武。

但不知何時能遇見筆者的斗數藏本，
太陽化科版本面世？
崇拜古書的同好，到時又會否再考慮
更改往日慣常使用的戊庚壬干四化呢？

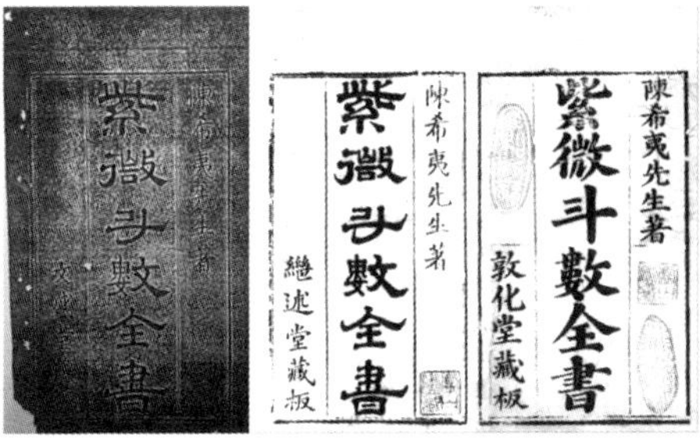

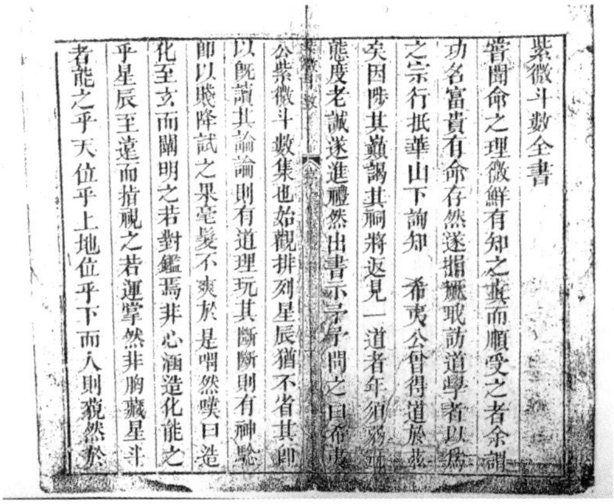

紫微斗數全書

嘗聞命之理微鮮有知之真而順受之者余謂
功名富貴有命存然遂揖撇職訪道學者以為
之宗行抵華山下詢知　希夷公曾得道於茲
矣因陟其巔謁其祠將返見一道者年須弱冠
態度老誠遂進禮然出書示予予問之曰希夷
公紫微斗數集也始觀排列星辰猶不省其所
以既讀其論論則有道理玩其斷斷則有神驗
即以此降試之果毫髮不爽於是喟然嘆曰造
化至玄而闡明之若對鑑焉非心涵造化能之
乎星辰至遠而指視之若運掌然非胸藏星斗
者能之乎天位乎上地位乎下而人則藐然於

文盛堂藏版

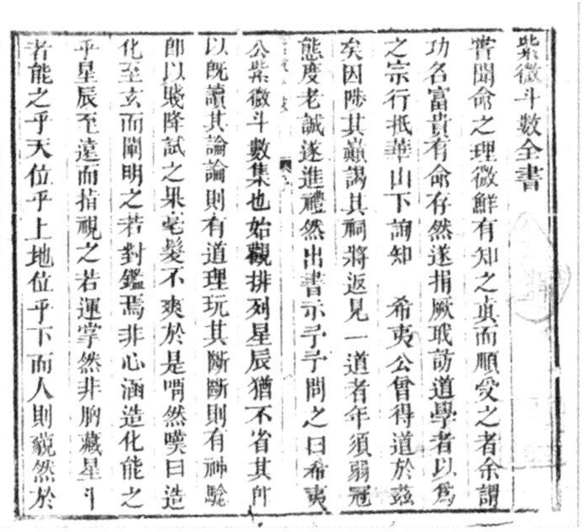

紫微斗數全書

嘗聞命之理微鮮有知之真而順受之者余謂
功名富貴有命存然遂揖撇職訪道學者以為
之宗行抵華山下詢知　希夷公曾得道於茲
矣因陟其巔謁其祠將返見一道者年須弱冠
態度老誠遂進禮然出書示予予問之曰希夷
公紫微斗數集也始觀排列星辰猶不省其所
以既讀其論論則有道理玩其斷斷則有神驗
即以此降試之果毫髮不爽於是喟然嘆曰造
化至玄而闡明之若對鑑焉非心涵造化能之
乎星辰至遠而指視之若運掌然非胸藏星斗
者能之乎天位乎上地位乎下而人則藐然於

繼述堂藏版

「全集、捷覽、全書」的關係

評論《新刻纂集紫微斗數捷覽》

收到不少讀者來信，問紫微斗數古籍《新刻纂集紫微斗數捷覽》。來問者多數是因為看見坊間說，《新刻纂集紫微斗數捷覽》是目前紫微斗數中最早的書籍，所以問筆者的意見。

基本上筆者對古書有兩種看法：

1 古書存在歷史價值，亦擁有古代書籍的美學。

2 術數古書記存古代訣竅的資料，無論是真是假，古刻版本也能使後人了解，古時曾經面世的資料情況，對於研究術數者會有一些啟示。

而如果對於一些秘傳的術數如紫微斗數，古籍數量不多，古籍刊出的年期及對古代訣竅有了了解，亦有撥亂反正的幫助。

今次的古書印證需要歷史配合，多謝門人提供資料協力幫助。

依資料提供《新刻纂集紫微斗數捷覽》木刻本四卷，是明朝，萬曆九年（一五八一年），金陵書坊王氏洛川刊本，曾在蘇州博物館內。

這書本揭示了，現今流傳同治九年（一八五九年）的木刻版《紫微斗數全集》另有前身，及傳說中嘉靖庚戌明世宗二十九年（一五五〇年）撰寫，但是在清朝中期再印刷的《紫微斗數全書》情況。

《新刻纂集紫微斗數捷覽》與木刻版《紫微斗數全集》的含金量（資料）相同，甚至可以說是同出一源。

為何有此說法？
可以看看以下分析。

《新刻纂集紫微斗數捷覽》以下簡稱《捷覽》。
《木刻版紫微斗數全集》以下簡稱《全集》。
《木刻版紫微斗數全書》以下簡稱《全書》。

書名

書名是書本的主題及方向。

《捷覽》以捷徑、博覽為書名，說明該書是方便快捷閱讀的書，並非全部或全面。

《全集》以集合、結集為書名，說明是集合了很多資料的書。

《全書》亦以齊全為書名，說明是全本書。

排盤風格

《捷覽》及《全集》的排盤風格相同。包括排盤的星曜數目，安星法，星曜的名字也是相同。

《全書》在這兩方面也是不同的。

書本的內容

《全集》內容最豐富。

《全書》沒有記載的叢辰神煞。

《全集》與《捷覽》同樣記錄下來，而神煞表格錯誤之處也相同。

《捷覽》若有細心核對，雖然有一兩篇是獨有的內文，但其他大部分內容《全集》也有。

《全書》內容亦豐富，特別是超越時空的古人命例，《捷覽》及《全集》沒有。

命例出生資料，露出馬腳

胡梅林總制，即是胡宗憲，是明朝嘉靖十七年（一五三八年）進士。

《捷覽》命例名為：胡梅林總制。

《全集》命例名為：總制胡氏。

《全書》命例名為：胡總制。

歷史上說他是壬申年九月二十六日出生，

《捷覽》及《全集》是用二十七日，與歷史不合，一同出錯。

《全書》是二十六日，但排盤是用二十七日。

全集

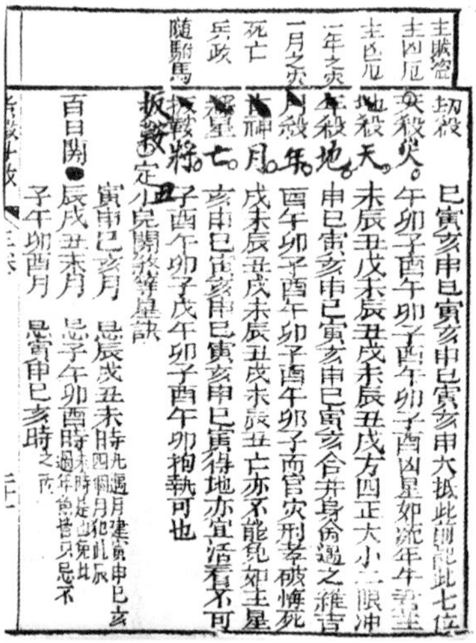
主賊盜 主凶厄 主凶厄 一年之災 一月之災 死亡 兵政 隨駙馬

劫殺 巳寅亥申巳寅亥申巳寅亥申六抵此輒犯此七位
災殺災。午卯子酉午卯子酉午卯子酉凶星如流年年命坐
天殺天。未辰丑戌未辰丑戌未辰丑戌方四正大小二限沖
地殺地。申巳寅亥申巳寅亥申巳寅亥合并身命遇之雖吉
月殺年。酉午卯子酉午卯子酉午卯子而官災刑差破悔死
大耗月。戌未辰丑戌未辰丑戌未辰丑亡亦不能免如主星
將星亡。亥申巳寅亥申巳寅亥申巳寅得地亦宜活看不可
攀鞍將。子酉午卯子戌午卯子酉午卯拘執可也
扳殺 定小兒關殺等星訣
寅申巳亥月 忌辰戌丑未時
百日關 辰戌丑未月 忌子午卯酉時
子午卯酉月 忌寅申巳亥時

捷覽

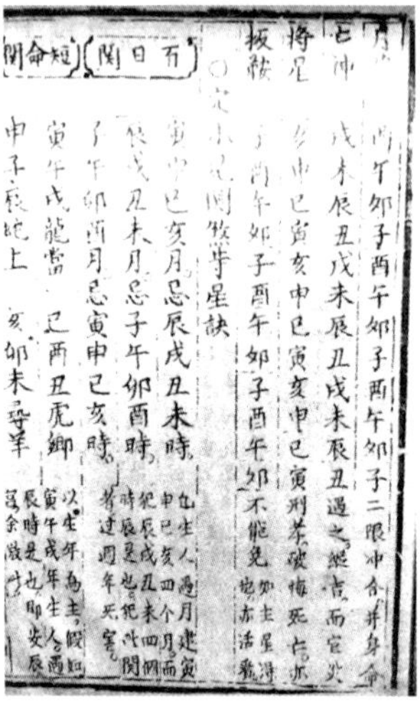
酉午卯子酉午卯子酉午卯子二限沖合并身命
巳沖 戌未辰丑戌未辰丑戌未辰丑遇之雖吉而官災
將星 亥申巳寅亥申巳寅亥申巳寅刑差破悔死亡亦
扳殺 子酉午卯子酉午卯子酉午卯不能免 如主星得地亦活看
○定小兒關煞等星訣
寅申巳亥月忌辰戌丑未時
辰戌丑未月忌子午卯酉時
子午卯酉月忌寅申巳亥時
百日關 短命關

很明顯《捷覽》及《全集》的資料來源是相同或者其中一本是抄襲的作品。

而《全書》是後期修改資料的，可能是出版社的編輯不懂安星法，或是二十六日的星盤與原本批文及事實不合，所以沒有排出二十六日的命盤。

從以上可以知道，《捷覽》及《全集》的資料來源是相同。《全書》的資料來源與《捷覽》及《全集》是不相同。

至於是誰先誰後？《捷覽》抄襲《全集》或是《全集》抄襲《捷覽》？而現今流傳的《木刻版紫微斗數全書》是否在嘉靖庚戌明世宗二十九年（一五五〇年）撰寫？

考證袁內閣命例，誰露出馬腳？

《捷覽》及《全集》是相同的紫微斗數系列，《全書》是另一系列。

至於另一重點《新刻纂集紫微斗數捷覽》的含金量（資料的重要性）如何？筆者覺得要看你從什麼角度來評價了！

依紫微斗數的歷史來說，《捷覽》能確定在明朝萬曆九年（一五八一年）紫微斗數曾經出現。這情況如《玄數》內的「中天太極斗數」，曾登陸朝鮮一樣。

筆者覺得《新刻纂集紫微斗數捷覽》含金量最高的是，揭示抄襲《木刻版紫微斗數全集》前身的部分資料。

話說回頭，而《捷覽》抄襲《全集》，在命例排盤上露出馬腳了！

袁內閣命例

這命盤很值得研究。

《捷覽》命例名為：袁內閣。

《全集》命例名為：內閣袁公。

《全書》無此命例。

《全集》標明是戊辰年十月十八日**午時**出生，命盤顯示甲年四化。

《捷覽》標明是戊辰年十月十八日**卯時**出生，

而命盤與《全集》一樣，顯示甲年四化。

「現代版」標明更改為**甲辰年**十月十八日午時出生，

應該是因為書內命盤顯示的是甲年四化吧！

《全集》的出生資料，排出來的命盤是正確的，問題只是用了甲干四化來顯示。

《捷覽》的出生資是排不出命盤的，因為在正常之下十月卯時是不可能排出命宮在巳。生日資料與命盤不配合，而與《全集》一樣顯示奇怪的甲年四化，很有值得懷疑！

而「現代版」更標明修改出生年份為甲年，強去遷就命盤顯示的甲干四化，但可惜出現其他星曜，如祿存、龍池、太陰……錯誤百出，加上以下的歷史資料，更知「現代版」可信程度不高！

又如「現代版」沒有發現叢辰神煞表格出了問題，而另一方面企圖修正袁內閣命例的命盤，結果反而愈描愈黑！

古人抄錄錯誤，現代人也同樣出錯！

歷史記載有一位明朝內閣官員，袁煒（一五〇八年－一五六五年）正是戊辰年十月十八日出生，字懋中，號元峰，浙江慈谿。享年五十有八，有墓志銘。可謂仕途順利。朝代、出生資料、職位全部相同。

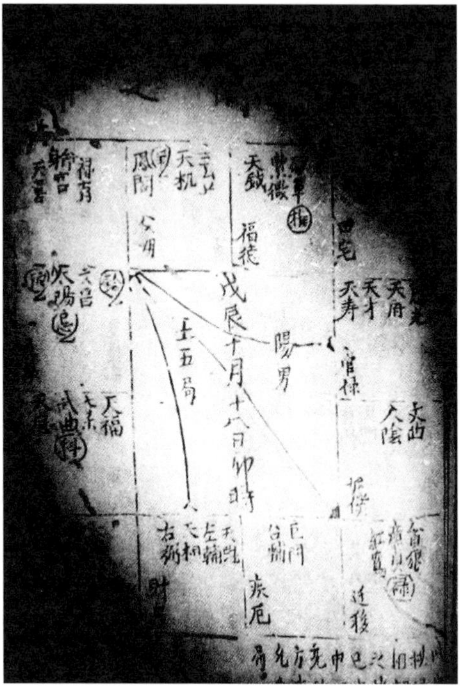

出生資料及排盤後
與《全集》的命盤相同，
歷史及命盤的正面批文也是配合，
相信內閣袁公就是明朝袁煒。

而《全集》最為正確，
《捷覽》的錯誤
可以洗脱抄襲的可能嗎?!?!？

「不得其死」的批文，揭露成書年期

說了，《捷覽》抄襲《全集》情況。

至於**命例批文**，看古書也是不可忽視的。

命例批文，揭露成書年份。

回說胡梅林總制，即是胡宗憲命例，

大家有沒有發現《捷覽》、《全集》、《全書》的批文言詞落筆很重手?!

為何如此？

先看批文：

「此科權拱命，紫府朝垣，府相會命，左右守遷移官祿，得此四局，允為貴斷。

但羊鈴火忌相見，更命遇廉昌，故終**【不得其死】**。」

三版的批文分別不大，而**【不得其死】**很耀眼！

回看歷史：

胡宗憲（一五一二年十一月四日－一五六五年十一月二十五日），字汝貞，號梅林，明代直隸績溪縣（今安徽績溪）人。

明朝政治、軍事人物，憑藉設計除倭寇聞名。

明嘉靖十七年（一五三八年）年二十六歲，進士，授山東益都令，屢決懸案，平反冤獄，獲朝廷嘉獎，晉三級。

嘉靖四十年（一五六一年）年四十九歲，因南京給事中陸風鳳儀彈劾胡宗憲為「嚴（嵩）黨」而入獄。

一五六五年五十三歲，明世宗時，胡宗憲因嚴嵩事牽連下獄，並在**【獄中自盡】**。

如果《捷覽》、《全集》、《全書》在成書時，是明朝胡宗憲仍在世或是得勢時，這政治或軍事人物用**【不得其死】**的斷言，能在刻本書面世??

不要忘記《捷覽》是用胡梅林總制全名。
《全集》總制胡氏、《全書》胡總制，較為隱約一些。
若果成書時胡宗憲已失勢或是眾人皆知已死去的歷史人物，
【不得其死】的斷文，當然可以面世，
亦成為書中的黃金秘訣了！

因此可以知道《全集》、《全書》成書時必在一五六五年之後，
《捷覽》在一五八一年成書是合理的。

而**【獄中自盡】**的批文出現，《全書》又怎會是一五五〇年撰寫成書面世？
難道在一五五〇年《全書》是被利用來咒罵官員？這是不合理及不可相信的！

** 溫馨提示
如前文所説《捷覽》是抄襲《全集》的部分內容，

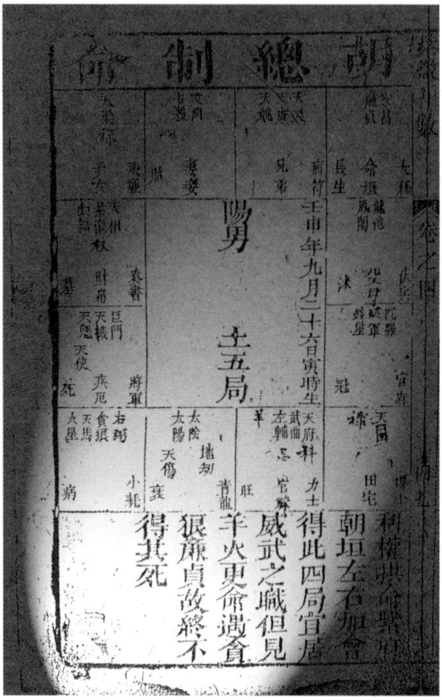
陽男
壬申年九月二十六日寅時生
土五局

科權拱命緊守
朝垣左右加會
得此四局宜居
威武之職但見
羊火更命遇貪
狠廉貞故終不
得其死

即是**《全集》的前身**是
在一五六五年－一五八一年之間。
現今流傳在坊間的《全集》、
《全書》刻本，
只是後期後人大集混的抄襲之作，
需要明眼人挑選出個中精華或是
找回刻本前身，才能水落石出。

命例批文揭露成書年份

《捷覽》、《全集》、《全書》三書中，另一個值得研究的命例是「萬兩溪司馬」。

《捷覽》命例名為：萬兩溪司馬。

《全集》命例名為：兩溪萬氏。

《全書》命例名為：萬兩溪命。

今次只有《全書》的批文下重手！

《全集》及《捷覽》，只是一般的批斷。

《全集》的批文：

「此為祿權坐拱，昌曲夾命，輔弼朝垣，允為貴斷，福壽有終，安享清福優游。」

《捷覽》的批文：

「此為祿權坐拱，昌曲夾命，輔弼朝垣，允為貴斷。」

《全書》的批文：

「此為祿權坐守，昌曲夾命，左右加會，富貴雙全，福壽有終。七十六歲，小限到天羅擎羊之地，太歲又遇陀星夾地是以『命亡』。」

《全書》直指事主死亡日期（可惜與歷史記載相差一年），不能排除是已知的事實。因為又如上文所說，若果成書時是已知事實、失勢或是世人皆知已死去的歷史人物，「命亡」的斷文，就會敢言，就是書中黃金秘訣！

但如果是當時有名望的明朝政治人物，直斷死期的刻本書還能面世??

《全集》應該是最早期成書，因為未知事實，只斷初期的順利。

《捷覽》應該是中期，在一五八一年成書，正是萬恭仍然在世而已曾被彈劾，因此《全集》批下的「福壽有終，安享清福優游」等字，不可不刪除，不寫為妙。

《全書》應該是較晚期，於一五九一年後成書的，因為已知死亡時間，於是可以直接寫下命亡之年。

因此現時坊間流傳的《木刻版紫微斗數全書》，又怎會是一五五〇年撰寫成書面世？理應在一五九一年後，比起一五八一年成書的《新刻纂集紫微斗數捷覽》及《全集》前身還要後期！

萬兩溪

萬恭（一五一五年－一五九一年），字肅卿，號兩溪，明朝政治人物。

嘉靖二十三年（一五四四年）年二十九歲，登進士，授南京吏部文選司主事，歷考功司郎中。

隆慶六年（一五七二年）年五十七歲，萬恭擔任河道總理，**因治水被彈劾**，居家二十年後去世，終年七十六歲。

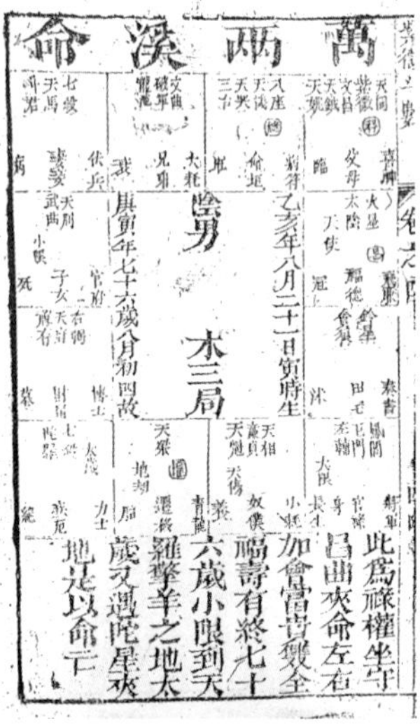

全書

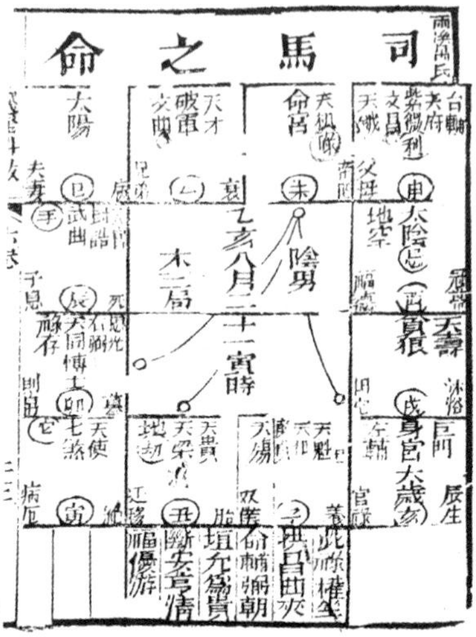

全集

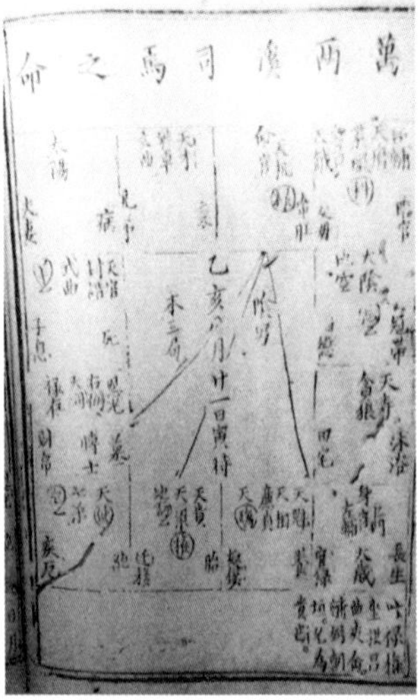

捷覽

命例數目反映刊書年期

很多年前，由於《全書》及《全集》古籍的出現，
各研究者懷舊之心熱騰騰，引起很大紛爭，
以誰是最古，誰就是玄門正宗的想法。
其實這是不合邏輯，因為古老的，未必一定是對！
而且今天發現的最古的書籍，並不代表是以後發現最古的書籍！
所以亦有人說，追古書，不如追明師吧！

從命例數目反映刊書年期

《全集》大約只有二十多個命例。
《捷覽》大約有三十多個命例。
《全書》命例數目最豐富，能追溯源流，大約有二百多個古人命例，貂蟬也出現！

很多人以為古人命例愈多，可以代表書本愈是古舊，其實剛好相反，最多近代的命例才是真正代表刊書的年期。

《全集》命例最少，未必有《捷覽》及《全書》的命例。基本上獨有命盤只有三個。

《捷覽》內有《全集》及《全書》的命例，獨有命盤四個。

《全書》內有《全集》及《捷覽》的命例。獨有命盤很多，貂蟬命很耀眼，貂蟬也列出死期！

可以推想，早期古書經後人抄襲後，再增加命例。由此可以知道《全書》成書時期後過《全集》及《捷覽》。不相信？

看看《全集》、《捷覽》及《全書》的命例次序。

《全集》沒有公元前的古命，命例集中在明朝的出生的人。

《全集》與《捷覽》的命例次序編排大致上相同，

《捷覽》除了子羽之命是公元前的古命之外，大部分也是集中在明朝出生的人，

只是從中加入四個《全集》沒有的命例在內。

《全書》與《全集》及《捷覽》的命例次序編排也是大致相同，

不過《全書》先編排更多明朝以前的古人命例，

接着加入《全集》與《捷覽》的命例涉入其中。

不知是頁數關係或是想企圖混淆抄襲，

到最後又刻意加入六個明朝前或公元前的古人命例在內。

但是由嚴介溪命至小兒夭命的命例次序，與《全集》及《捷覽》大部分相同，

加上之前說過命例排盤及出生資料的問題，這粗心大意的做法，

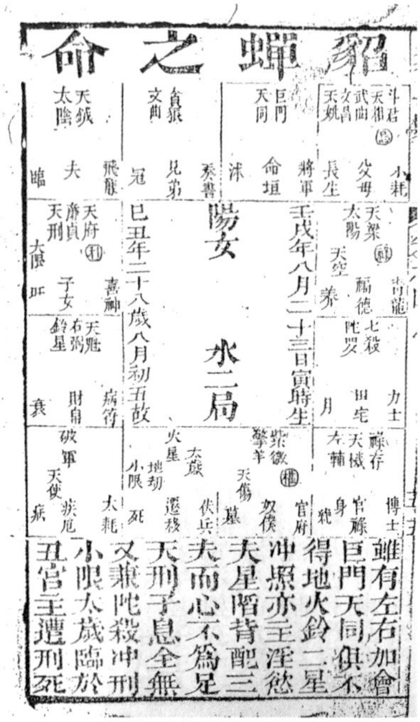

很難洗脫抄襲命例的痕跡！

**溫馨提示

正統史書上沒有記載貂蟬的名字，只有在《三國演義》故事裏面，貂蟬是大美女之一！

總結

其實《新刻纂集紫微斗數捷覽》的出現，最有價值之處是讓大家知道，在明朝一五八一年中國術數仍然是以子平八字為主道之時，紫微斗數有木刻版書本面世，之後輾轉相傳，明末清初再刊，流傳至今。更證明現今流傳的《木刻版紫微斗數全集》仍有前身。

《紫微斗數全集》與《紫微斗數全書》是兩個體系，從古籍的數量比較，《紫微斗數全集》多一份支持。

至於《新刻纂集紫微斗數捷覽》的含金量（學理資料），其實與《木刻版紫微斗數全集》差不多，只是多幾篇獨有的文賦，如十二時生人刑剋父母論、十二生時難定訣、男女合婚式……等等。

但《木刻版紫微斗數全集》有不少文賦，《新刻纂集紫微斗數捷覽》是沒有收錄入書內，明顯地看到《木刻版紫微斗數全集》的內容較為豐富。

因此如果是以收藏古籍的喜好角度來說，《新刻纂集紫微斗數捷覽》是有價值的。

但若果想就此定論《新刻纂集紫微斗數捷覽》是紫微斗數最早期的資料出處，或是當作《木刻版紫微斗數全集》抄襲《新刻纂集紫微斗數捷覽》的看法，這便有誤會了。

能找到《木刻版紫微斗數全集》的前身，不難發現以上六篇評論的來龍去脈，更容易明白《全集》與《全書》體系異同的原因。

古籍有時會對研究術數有幫助，但非絕對。
古籍只是古人留下來的一些資料，
是對是錯仍需要智者閱讀後細心思量。
盲目追隨古籍或師傳秘笈，就等於技勝一籌，
只是自欺欺人，
非現代人學習術數者應走之路！

紫微斗數的建立原理

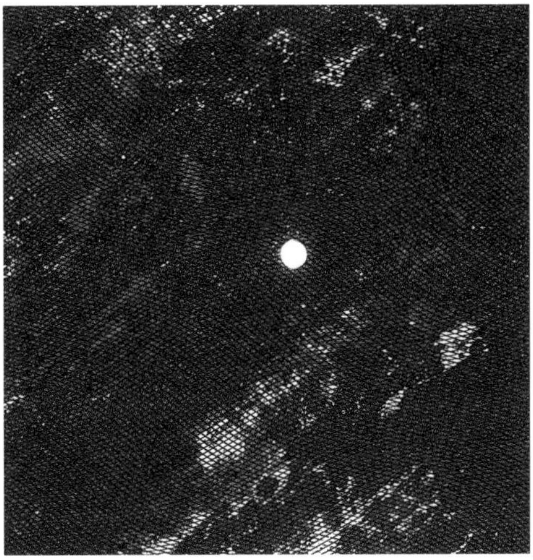

若果要明白紫微斗數的建立原理，
可以先從安星法的起盤設計概念去理解。

紫微斗數只需要事主的出生農曆年份、
月份、日子、時辰（四建），
不需要萬年曆便能白手起出命盤。

六個簡單步驟

(1)年干，(2)五虎遁，(3)十二地支位置，
(4)宮垣，(5)五行局，(6)日子，
在幾秒內命盤的主要骨幹，便能建立出來。

不知大家有沒有想過，為何紫微斗數只是需要這麼簡單的出生資料，便能起出命盤？

我派紫微斗數有流傳建立架構的原理，
與坊間實星的說法不同，其中的定論是以易卦概念為主。

以月相、納甲、納音、易卦、卦爻為基礎，
依農曆年干、月份、日子、時辰四個簡單元素未配合便能起出命盤。
棄掉必需要干支一起配合，而只適合在某些地方或國家，
才能使用的四季溫度寒濕暑熱學說。
重視如易卦的陰陽數象體系，以皇朝論的星象來展示及預測世事。
因此紫微斗數骨子裏是大自然的易卦數象。
在斗數史或古書中亦曾留下「天罡卦」或「天干卦」之別名。

農曆

紫微斗數為何選擇使用農曆？

紫微斗數選擇使用農曆，
而棄掉當時盛行的節氣西曆（太陽曆），
是有一定的用意。

農曆又稱為陰陽曆，基本上是由太陽、月亮、
地球串聯而形成的月相計算方法，
月相的數序變化成為農曆日子單位的基礎。

太陽，月亮，地球猶如易卦三爻，各自在不同位置擔演不同的陰陽角色。
當結合一起時，成為易卦中最能代表的八純卦體系，
齊齊整整有數有序有生命的用來設定曆法。

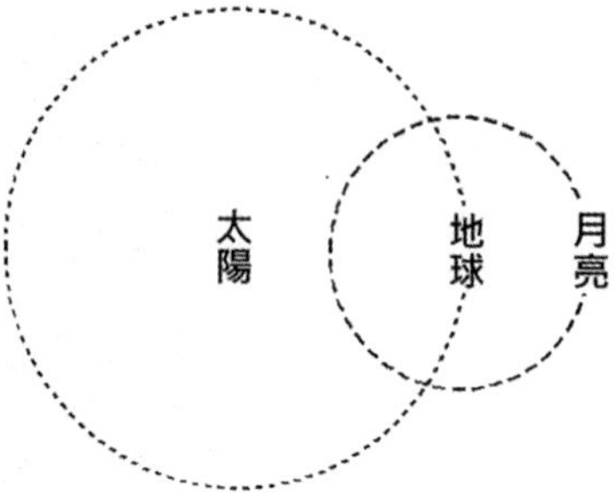

曆法如數，月相及易卦如象，農曆與卦象互通，
亦是陰陽數象的代表。

紫微斗數的建立，無論是在開始的定位、
五行局、宮垣、星系，
看得出存在易卦三爻及八純卦的易理，
因此選擇由數與象結合而成的農曆是最適合的。

年干

為何紫微斗數只需要使用年干便能開始起命盤？

中國術數常以**年為體，日為用，月區分年，時區分日**。

紫微斗數以年來開始建立，是因為承繼古法以年份為體的學說。

從事主的出生農曆年份來確定年干，用以年份為體的年干如卦體般開始建立命盤。

不同於子平八字需要年份干支一起配合才有意義。

因為紫微斗數以易卦為基礎，天干與易卦的八純卦有直接關係，而干支配合的學說與八純卦未必有直接關係，因此紫微斗數只需要年干便能開始起命盤。

天干是卦的代號之一，八純卦：乾、坤、震、巽、坎、離、艮、兑與天干的關係，常以納甲來互通運用。

而納甲的原理是由月相而來，月相是由太陽、月亮、地球的會照關係而產生。月相隨不同的日子產生不同變化，在循環的日子中，某方向或角度，可以望見月相呈現有規律的不同的形態。古人利用八純卦的形狀，十天干如方向來串聯，定了納甲的軌跡，演變成易卦中天干納甲的學說。

易卦與月相互有關係。

易卦與農曆互有關係。

易卦與天干互有關係。

這些一層一層的定論，揭示了紫微斗數以年份天干來開始起盤，因為離不開易理的學說。

*注解

八卦分配十天干，稱為納甲，是陽卦陽干及陰卦陰干，階級輩份及陰陽天干配合的淨陰淨陽學說。

陽卦＝乾＝壬甲、震＝庚、坎＝戊、艮＝丙。

陰卦＝坤＝癸乙、巽＝辛、離＝己、兌＝丁。

五虎遁

知道出生年干後，從年干定出五虎遁。

紫微斗數用五虎遁，為何不用五鼠遁？

因為年干為卦體，當要分別年干卦體的不同變化時，一年有十二個月，月份正是年份在不同時段的表現，因此年份以月份來分區。

定一年的月份開始，古時有幾個方法，而紫微斗數選擇以寅位為一年之始，即是用五虎遁，原因是：

寅位是四季之首春天的代表

寅位是農曆一月，亦是四季春天的代表。

北斗星群指向寅位為一年之始

北斗星群猶如紫微斗數的主要星系指向，
當指向寅位時亦有代表春天新的一年開始意義。

古籍《鶡冠子》記載：
「斗杓東指，天下皆春；斗杓南指，天下皆夏；
斗杓西指，天下皆秋；斗杓北指，天下皆冬。」

古代視北極星為皇帝的象徵，而北斗則是皇帝出巡天下所駕的御輦，
一年由春開始，而此時北斗在東，所以上帝從東方開始巡視，
故《易・傳》：「帝出乎震」，震卦在東。

寅位為易卦的中爻卦主

寅位是納音五行的中元，如易卦的中爻。
（下文會說明紫微斗數為何要用納音五行起盤，以及中元及中爻的重要性。）

依上述理由，寅位成為年干體卦的開始點。

要遁入什麼？

當然是天干。

當排佈命盤時，天干如卦，納甲如月相，月相易卦在命盤中飛動，配合有數序的數象。

虎是寅位的代號，五虎遁的意思是在寅（虎）位開始遁入。

而如果五鼠遁是由子位的代號鼠位置遁入。

子位不是農曆的春天！

也不是北斗星群新一年的指向！

也不是納音五行的中元卦主！

五鼠遁在十二格排列的納音五行是不齊全不平均的，

例如：

甲己干的五鼠遁在十二格內是沒有納音水。

乙庚干的五鼠遁在十二格內是沒有納音火。
丙辛干的五鼠遁在十二格內是沒有納音土。
丁壬干的五鼠遁在十二格內是沒有納音木。
戊癸干的五鼠遁在十二格內是沒有納音金。

因此紫微斗數遁位的設立不在子位。

*注解
五虎遁：以寅位開始順排天干下去。
五鼠遁：以子位開始順排天干下去。

正五行：子亥水，丑土，寅卯木，辰土，巳午火，未土，申酉金，戌土，定位的獨立五行。

納音五行：甲子乙丑金，丙寅丁卯火，戊辰己巳木……一陽一陰干支配合成的六十甲子五行。

納音

為何紫微斗數選擇用納音五行？

紫微斗數選擇了用納音五行，捨棄子平八字後來運用的正五行。原因是納音五行的數序與易卦有直接關係，納音上中下三元，同出於易卦隔八相生之理。（可參考298至300頁之圖）

正五行是木土、火土、金土、水土，四行加入一土的不平衡數序與四季寒濕暑熱的關係較為密切，並不是最適合紫微斗數的數序使用。

上文説過紫微斗數與易卦、月相、納甲、日子來建立，而納音五行與這些內容論甚為配合。

易卦以陰陽、四象、八卦的數序來演變，亦以八純卦為體定數，乾兑離震巽坎艮坤輪流飛動分佈。

納音五行在十二格地支內，分成六組，一陽一陰配合，成為五行局數。
易卦亦是分成六組（六爻位），每個爻位可有一陽一陰的變化，
情況如納音五行一樣。

而納音五行隔八位數產生上元、中元、
下元的三個層次。
即以八隔數來定變數，是原於易卦隔八相生之説。
上中下三元配合等於三爻合成一卦（八純卦），
如果懂得裝卦，確定上卦及下卦即可成六爻，
便是由八純卦演變出來的六十四卦了。

納音隔數與易卦的陰陽體系同源，骨子裏是易卦的紫微斗數，
選擇了用納音五行是最好證明。
在紫微斗數的古書典籍中，亦留下

「觀此妙術，非一日之所能；則四主三元之說，真金不換。」

三元之說不是已呼之欲出嗎？

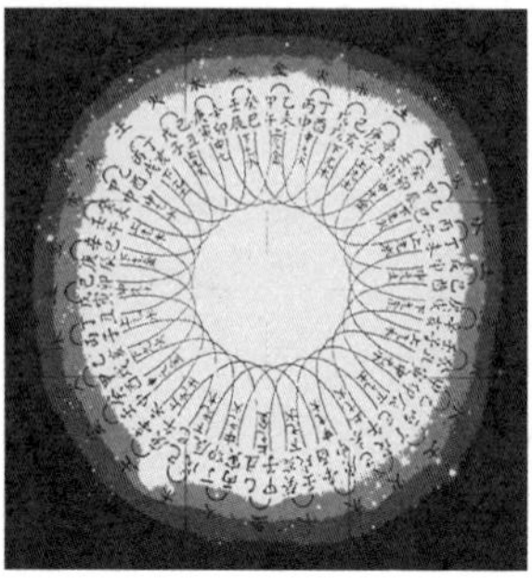

納音**水**的上中下元

下元癸巳水	上元丙午水	上元丁未水	**中元**甲申水
下元壬辰水			**中元**乙酉水
中元乙卯水			下元壬戌水
中元甲寅水	**上元**丁丑水	**上元**丙子水	下元癸亥水

納音**木**上中下元

下元己巳木	上元壬午木	上元癸未水	**中元**庚申木
下元戊辰木			**中元**辛酉木
中元辛卯木			下元戊戌木
中元庚寅木	**上元**癸丑木	**上元**壬子木	下元己亥木

納音**金**上中下元

下元辛巳金	上元甲午金	上元乙未金	**中元**壬申金
下元庚辰金			**中元**癸酉金
中元癸卯金			下元庚戌金
中元壬寅金	**上元**乙丑金	**上元**甲子金	下元辛亥金

納音**土**上中下元

下元丁巳土	上元庚午土	上元辛未土	**中元**戊申土
下元丙辰土			**中元**己酉土
中元己卯土			下元丙戌土
中元戊寅土	**上元**辛丑土	**上元**庚子土	下元丁亥土

納音**火**上中下元

下元乙巳火	上元戊午火	上元己未火	**中元**丙申火
下元甲辰火			**中元**丁酉火
中元丁卯火			下元甲戌火
中元丙寅火	**上元**己丑火	**上元**戊子火	下元乙亥火

立極於寅定數位

納音五行的特色，是各納音五行以陽三元及陰三元，

子丑位上元，申酉位為中元，辰巳位為下元。

午未位上元，寅卯位為中元，戌亥位為下元。

各陰陽體系的雙數來行走十二格總共六十甲子。

納音五行的上中下元位置是不變的，其中寅位是納音的中元，這定點很重要。

因為寅位是中元等於易卦的中爻，亦是**卦主**，當分順逆行走時，

等於上元（上爻）及下元（下爻）。

以中位立點以平衡的方式上下或左右擴展。

而在紫微斗數中如果未能確立這寅位為定點位置，

五行局數，星系定位，軸心必大亂！

五行局是步數五行

不知大家有沒有留意，
筆者第一本著作起名為《雙數》的用意，
因為我早已知道，
紫微斗數蘊藏了不少雙數的概念元素。
紫微斗數是依2水、3木、4金、5土、6火的數來定論五行局。

為何紫微斗數的五行數與其他術數不同？

水不是1，是2？6不是水，是火？

*注解

其他術數多數是以1、6水，2、7火，3、8木，4、9金，5、0土。

據師傳所說，**紫微斗數的五行局是步數五行，並非直接的五行數，與360度宮垣及步數有關，古籍中亦有流傳不齊全的麟片。**

當立極於寅為定點位置，行一步加一位時，將五行（5數）加入步數內，要平衡地陽順行，陰逆走的擴展，

因此1用陽數為開始要定為虛數，沒有數值。

如360度中的0度，呼應陰數6為尾數的實數，一陽一陰一虛一實，在十二格內平均地分配五行步數。

正如度數的開始點是0度，伸延外出時才有度數。

五行局的步數是：陽陰→陽陰→陽陰→陽陰→陽陰的行走數。

因此，依照河圖的**左陽順**、**右陰逆**原理，及以步數來定五行。

當定點在寅位為1，五行不設數值。雙數為陰，單數為陽。

陰右逆行2位，名為水二局。

陰右逆行4位，名為金四局。
陰右逆行6位，名為火六局。
陽左順行3位，名為木三局。
陽左順行5位，名為土五局。

	5 午		
3 辰			6 酉
1	2 丑		4 亥

安星法中安紫微星訣「六五四三二，酉午亥辰丑」歌訣的Z型定位原理，就是由此而來。

而寅位順數（例如寅去卯，卯去辰……），只要加上五行局步數，下一步就是五行局的相加數位置了。例如水2局第二步在寅，卯位就是第四步，辰位就是第六步了……。亦可說明，定點的寅位在是擴展步數的源頭。

丑位					24
子位					22
亥位				30	20
戌位				27	18
酉位				24	16
申位			28	21	14
未位		30	24	18	12
午位	30	25	20	15	10
巳位	24	20	16	12	08
辰位	18	15	12	09	06
卯位	12	10	08	06	04
寅位	06	05	04	03	02
	火	土	金	木	水

五行局為何與日子有關？

由於月相是因為不同的日子產生不同形態，
紫微斗數是依農曆計算亦即是與月相有關，
因此五行局的步數就必需要依照事主的出生日子加步數，數象配合。
而日子與紫微斗數的關係後文再談論。

五行局數全部由上文所說的寅位出發，只要明白道理，
術數是可以用不同的形式來表達五行，
數可以代入萬物，二三四五六只是數序的步數代號。

五行局的數序與河圖有關

如果大家有細心留意，其實是水木金土火的排列，
亦是依照古法先天河圖的水火木金上下左右的十字定位圖，只不過以寅位來定點吧！

將定位圖旋轉30度，大家應該看清楚，
是熟悉的先天河圖一樣，
下水，左木，右金，上火，
大家常見的五行定位不是又出現了。
因此也可以說，
紫微斗數也十分重視古傳方位數序之說。

2為水的重點是在下為北方。
6為火的重點是在上為南方。
3為木的重點是在左為東方。
4為金的重點是在右為西方。

看見此圖聰明的讀者必然明白，五行土是火土五行及水土五行也可涉入其中了。

先天河圖由數及方位成為上下左右。
以前朱雀火、後玄武水、左青龍木、右白虎金為代號，是古時定方位的基礎概念，

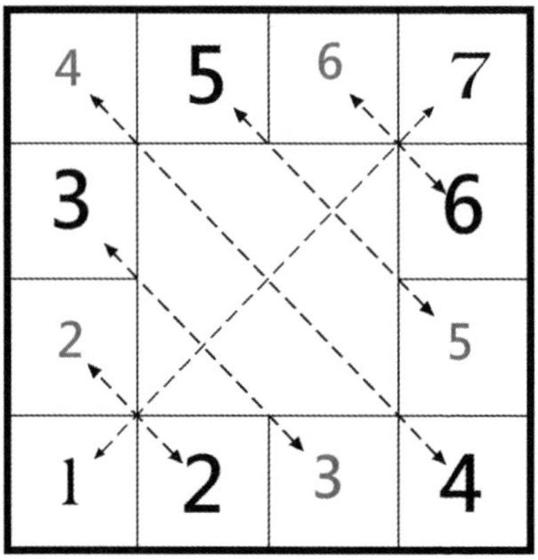

如易卦中陰陽化四象的四分區學說，不過易卦是陰陽相對的平衡意義較濃，而河圖由數演化為陰陽、方向、方位、角度及十字形定點的擴展概念較深，而紫微斗數兼有河圖數及易卦陰陽的概念元素，因而亦依此為基礎來建立。

這河圖的十字定位，使斗數定下本、對、合、鄰定重輕的十喻歌，看盤法則。

這圖很重要，由立極寅位平衡地陽左陰右擴展，與後文談論的宮垣及星系是同出一理，不可忽視。

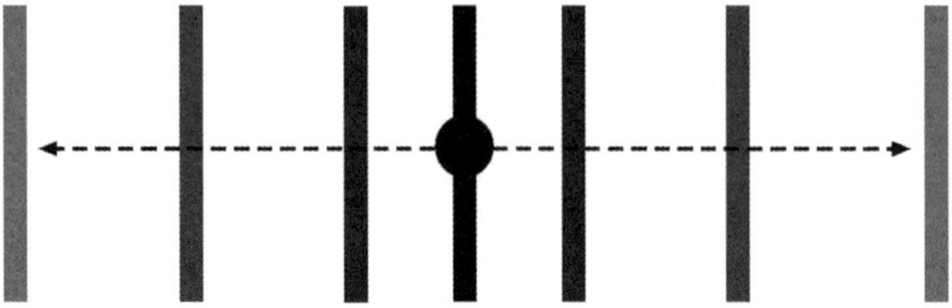

年體日用，月時區分

當十二格蘊藏的元素已定，重要的便是定位。

上文説過，**年為體，日為用，月區分年，時區分日。**

要真正找出體用定點，當然落在月份及時辰身上。

月份及時辰除了可以各自安放星曜之外，

其中的主要功能是用來定十三宮垣及五行局。

確定五行局

一年之中，十二格位置內，一雙一對每兩格數設有不同的五行局數。

如甲己年：

丙寅丁卯位火六局，戊辰己巳位木三局，庚午辛未位土五局，

壬申癸酉位金四局，**甲戌乙亥位火六局**，丙子丁丑位水二局。

乙庚年：
戊寅己卯位土五局，庚辰辛巳位金四局，壬午癸未位木三局，
甲申乙酉位水二局，丙戌丁亥位土五局，**戊子己丑位火六局**。

丙辛年：
庚寅辛卯位木三局，壬辰癸巳位水二局，甲午乙未位金四局，
丙申丁酉位火六局，戊戌己亥位木三局，庚子辛丑位土五局。

丁壬年：
壬寅癸卯位金四局，**甲辰乙巳位火六局**，丙午丁未位水二局，
戊申己酉位土五局，庚戌辛亥位金四局，壬子癸丑位木三局。

戊癸年：
甲寅乙卯位水二局，丙辰丁巳位土五局，**戊午己未位火六局**，
庚申辛酉位木三局，壬戌癸亥位水二局，甲子乙丑位金四局。

*後文會說及火六局的重要性。

月份是地球公轉，代表四象，四季。
時辰是地球自轉，代表陰陽，日夜。

一陽一陰，如易卦卦爻的順逆數，
能找出體用定點的位置，
細緻地由數象確立五行、宮垣及星曜。

如六月午時出生者，由寅位順行六格到未位，
由未位逆行七格在丑位，即是定位在丑了。
從丑位找出由年干定立的五行局加上日子，
即可產生十三宮垣及主要星曜
（十四正曜、六吉、六煞）。

體用星象

年份為體是為本質。日子為用是為運用。

月相的情況與方向及時間日期有關係。

紫微斗數定出的五行局如望向的方向。
日子就是找出當時望見月亮的情況。

如初十四或初十五晚上望見是月圓之時。

這望星、望月的概念，沿於古時的星占術。
古人望星可知某事情吉凶，而紫微斗數可以說是進化版。
利用月相卦象及時間的配合，
知道出生日子便知道真星（太陽與月亮的關係狀態）。
真星運用在時間，虛星運用在現象，
真虛星並存同時來進行推演。
因此可以說紫微斗數是有真星的依據，但運用是在虛星之法。

月相如易卦，如現象。

紫微斗數是以五行局及日子的步數起出的星曜位置，以龍頭紫微星及其他十三正曜來代表月相的狀況，演繹事主的人、物、事。

年份為體，建立了十二格蘊藏的元素。

月份時辰分區，確定十三宮垣十二位置，定生人各主題方向的題目。

日子為運用，利用星象在十三宮垣及十二位置蘊藏的元素及力量來使用。

從以上可知，紫微斗數必重視星曜體系，而星曜立象的前身就是月相及易卦。

十三宮垣十二位

坊間術數常以十二宮來説，我派斗數認為宮垣與位置有分別，不可不辨。訂立十三宮垣十二位之説，筆者在很早之前的著作已有這説法。

宮垣逆數為前往的時間，順數為逆退的時間。位置順數為將來的時間，逆數為舊日的時間。

又如易卦的上下左右或陽卦陰卦不同角度的前進及後退的步法。

十三宮的來由，全是由中元中爻卦主的寅位而來。

之前説過，寅位為斗數的立極核心，從順逆來擴展，再定位（如卦爻一樣），而十三宮垣也是同出此理。

由寅位來用月份及時辰找出命宮的定位後，
十三宮垣亦要如寅位中元中爻的道理一樣，左右擴展來建立其他宮垣。

我派紫微斗數的宮垣易數有別於他派。

命宮如寅位的河圖十字定位，是古法失傳的四獸學説，
順逆左右擴展到每一宮，從不同步數、角度，
產生不同的宮垣意義，而宮數只有1至7，並非12數。

1與7是定點數的本對關係，2、3、4、5、6步數的五行，
這是宮垣分區平衡增長的概念，亦是與角度的學説有關。

90 田	120 官	150 奴	180 遷。
60 福			150 疾
30 父			120 財
0 命。	30 兄	60 夫	90 子

-4 田	-5 官	-6 奴	7 遷。
-3 福			+6 疾
-2 父			+5 財
1 命。	+2 兄	+3 夫	+4 子

命宮是 1=0 度，遷移宮 7=180 度，沒有正負之分，是同一條直線。

順行 +2=30 度兄弟宮。+3=60 度夫妻宮。+4=90 度子女宮。
+5=120 度財帛宮。+6=150 度疾厄宮。

逆行 -2=30 度父母宮。-3=60 度福德宮。-4=90 度田宅宮。
-5=120 官祿宮。-6=150 度奴僕宮。

每位置增長 30 度，12 位置在一個圓形內 =360 度。
步數只有2至6，由步數2、3、4、5、6來代表水木金土火的五行局。
分區方式，如易卦陰陽二分法，-4 田宅宮至 +4 子女宮及 -5 官祿宮至 +5 財帛宮。
古時重視四代同堂及出生的家族血脈，
因此**根基起源點**設在 -4 相距 90 度由看不到的盡頭田宅宮來定位。

田宅宮至命宮到子女宮是人倫的宮垣。
是由家族、祖輩、長輩至平輩到晚輩的宮垣的排列數序。
亦是由古時、舊時至現在到將來的宮垣排列時間。
田宅宮，福德宮，父母宮是事主的家族福蔭血脈流傳的宮垣。
帶有潛藏性、蘊藏、背後、已存在的意義，是代表舊日到現在的時間軸。
兄弟宮，夫妻宮，子女宮是事主出生後遇見的人倫關係。
帶有擴展，引申，承傳，發展的意義，是代表現在到將來的時間軸。

由命宮望出的宮垣是財帛宮、官祿宮及奴僕宮、疾厄宮夾的遷移宮。這些宮垣代表事主日後處世立命要面對的事物。

古傳十二位置分宮法

後方玄武是父母宮、命宮、兄弟宮。
前方朱雀是奴僕宮、遷移宮、疾厄宮。
左方青龍是官祿宮、田宅宮、福德宮。
右方白虎是財帛宮、子女宮、夫妻宮。

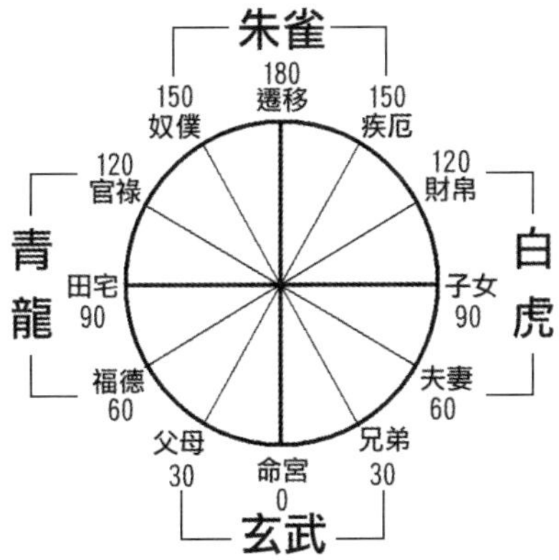

朱雀、玄武、青龍、白虎圖

由左方青龍的官祿宮去到命宮再去子女宮
為遠祖幾代人脈是由古至今的家族到子孫的過程。

由右方白虎的財帛宮去到命宮再去田宅宮
為事主進財流程，財富擁有的情況。

而左方青龍官祿宮去到上方奴僕宮是地位與貴賤的代表。

右方白虎財帛宮去到上方疾厄宮是貧富與健康的代表。

前方朱雀遷移宮是代表迎面而來及遇到的事情，代表人生的衝擊。

紫微斗數這樣設定十二宮（身宮寄居及六合十二宮內），
亦是承襲古傳河圖十字定位及前朱雀左青龍後玄武右白虎的方位學說有關。

步數平衡相對的意義

順逆行四數

四步順逆伸延的是 -4 田宅宮與 +4 子女宮，在命宮的 +-90 度出現稱為**刑剋宮**。

可代表**源頭**及末段**發展**的事情。

-4 田宅宮，是十字定位中視線範圍內最盡的**來源**位置，代表**家族**、出生地、祖先、曾祖父母、陰宅、舊日。當田宅宮突顯時，可使事主加強隱藏力、耐力、組織力、統籌力、信用、守秘密、歸屬感。

+4 子女宮，是十字定位中視線範圍內最盡的蛻變位置，代表晚輩、門人、下屬、寵物，**將來**。當子女宮突顯時，可使事主加強創造力、愛心、藝術感覺、承繼力。

順逆行三數

三步順逆伸延的是 -3 福德宮與 +3 夫妻宮，在命宮的 +-60 度出現稱為**關係宮**。能顯示人生的**福氣**及**福份**厚薄。如嫁娶是否得到理想伴侶，爺爺、奶奶是否有留下來的祖業、福蔭等的人生主題。

-3 福德宮，是承接有祖輩血緣田宅宮之後的宮垣，代表福氣、福蔭、庇蔭、祖輩、爺爺、奶奶、舊日。當福德宮突顯時，可使事主重視精神修養、內在感受，對祖輩事情較為上心。與嗜好、品性、壽命、思想狀況、決斷力、道德、理財手法有關。

-3 夫妻宮，是在有血緣關係者兄弟宮之後的宮垣，代表配合、匹配、對方、異性緣。當夫妻宮突顯時，可使事主重視異性、對方。古時嫁娶吉凶亦如上天安排、由父母作主，吉利時亦主有福份。

順逆行二數

兩步順逆伸延的是 -2 父母宮與 +2 兄弟宮，在命宮的 +-30 度出現稱為**鄰近宮**。是在出生時，最接近事主的人物，亦可以說是早年期間，最影響事主的宮垣，亦是**鄰近最有影響力之事情**。

-2 父母宮，是在有血緣關係者福德宮之後的宮垣，代表父母、長輩、上司、靠山、政府。

當父母宮突顯時，可使事主重視權威、服從性、增強督導能力。

+2 兄弟宮，是在有血緣關係者在命宮之後的宮垣，代表平輩、兄弟姊妹、好友、合夥人。

當兄弟宮突顯時，可使事主重視平等概念、加強表達力、懂得多國語言或溝通方式。

順逆行七數是前方朱雀

遷移宮是在命宮的面對宮垣，在命宮的 180 度出現稱為**對沖宮**。

如朱雀方，主對外、人緣及聲名。是事主要迎頭面對的外間情況。代表衝擊、挑戰、新鮮、變化、突發或與是非有關的性質事情。

左右兩組順逆行五六數的宮垣

左方青龍官祿宮去到上方奴僕宮是**地位**與**貴賤**的代表。右方白虎財帛宮去到上方疾厄宮是**貧富**與**健康**的代表。

順行五及六數是右方白虎

財帛宮與疾厄宮互有串聯，主貧富與壽元。代表事主有否得益或防守情況如何。

順行五數

財帛宮是在命宮的右方白虎位 120 度出現，在扶助生財的子女宮後加 30 度的宮垣，稱為**三合宮**。

代表生活上是否有富裕的提供，資源是否充足，是貧富與健康的代表。
無論是說實際用來生活的錢財，命運是否窮困，
或是食糧、食物、營養，是否足夠，也在這宮垣內反應出來。
例如古時貧窮者無錢買基本的食糧，營養不良，絕對可以影響健康。

順行六數

疾厄宮是在命宮的右方白虎位150度出現，
在提供資源的財帛宮之後加30度的宮垣稱為**天傷宮**。
代表體質、抵抗能力、健康狀態。
如果財帛宮出現問題，資源不足，守尾門的疾厄宮，便是最為重要，
因為它代表個人的最後防線，是結束問題或是被破滅?!
如在健康的主題上，可以代表體質傾向，強弱的狀態，抵抗能力如何。
如在運程的主題上，是否厄運，問題是否得到解決及結束。
如在災厄的主題上，災難能否渡過。

逆行五及六數是左方青龍

官祿宮與奴僕宮互有串聯，主**地位**與**貴賤**。
代表事主付出／辛勞後的回報或情況。

逆行五數

官祿宮是在命宮的左方青龍位120度出現，
在代表族人田宅宮之後加30度的宮垣稱為**三合宮**。
代表人丁、才能、名望、工作、成就。
是事主付出或與工作有關的情況。
當這宮垣吉利時，官主貴，有貴氣，名望高辛勞減少。
田宅宮是族人，官祿宮是事主才能，
因此事主在家族中是否發官貴之人，光宗耀祖，在這宮垣顯示。

逆行六數

奴僕宮是在命宮的左方青龍位150度出現，
在代表帶有貴氣官祿宮之後加30度的宮垣稱為**天使宮**。

主差使、犯賤、卑下，地位低微。
反映**付出**及**勞動情況**有關的宮垣。
官主貴，奴主賤，是古時身份地位的代表，紫微斗數以官祿宮及奴僕宮來顯象。

另外一題，紫微斗數的雜曜中，天傷天使必在奴僕宮及疾厄宮，其實也是宮垣引申星曜的意思。

這平衡的概念亦使十喻歌有了規範，本對合鄰定重輕，雙飛蝴蝶作定論。

淨陰淨陽的身宮

命宮及身宮的關係是一體兩面，同時並存易卦的陰陽結構，與之前十二宮的情況相同。
只是命身宮用了時間順逆作為平衡概念，即是在命宮加減相對的時辰，亦是展現平衡的方式。
1 與 1。+3 與 -3。+5 與 -5。+7 與 -7。

子午時＝命身同宮（1）
丑未時＝身宮與福德宮同宮（-3）
寅申時＝身宮與官祿宮同宮（-5）
卯酉時＝身宮與遷移宮同宮（7）
巳亥時＝身宮與夫妻宮同宮（+3）
辰戌時＝身宮與財帛宮同宮（+5）

	-5 官 寅申		7 遷 卯酉
-3 福 丑未			
			+5 財 辰戌
1 命 子午		+3 夫 巳亥	

因此身宮只寄居在命宮相同格數的領域：
-5 官 -3 福 1 命 +3 夫 +5 財 7 遷，
代表事主同一體系的分化。

例如：
命宮在陽支（子寅辰午申戌），身宮亦是在陽支內。
命宮在陰支（丑卯巳未酉亥），身宮亦是在陰支內。
命宮在紫府星系，身宮亦是在紫府星系。
命宮在日月星系，身宮亦是在日月星系。

＊注解

紫府星系：紫微，廉貞，武曲，天府，天相，七殺，破軍，貪狼。

日月星系：天機，太陽，天同，太陰，巨門，天梁。

從上述可知，宮垣的建立如同立極寅位的學說一樣，猶如易數的不同角度，排序、進退消長、陰陽的結合及分野，來引申人世間十三大宮垣的主題。

皇朝論的星系與十三宮的秘密

雖然紫微斗數運用的星曜並不是真實星曜，
但星系如同易卦運用的比喻方式一樣
能流傳萬世，
而紫微斗數是唯心的皇朝論，
只要有人類存在的地方，
易卦星象不會用不到的。

試想像一下，如**每個人也是一個皇帝，每段人生亦是一個皇朝**，
每件事也是朝廷中的個案，只要懂得配合在不同的時代、環境，
便不難去演繹及運用吧！

大家也知道紫微斗數的星系建立是由紫微星帶領，但為何要這樣設立？

而十四正曜為何次序如此？

逆：紫微、天機、〇、太陽、武曲、天同、〇、〇、廉貞。
順：天府、太陰、貪狼、巨門、天相、天梁、七殺、X、X、X、破軍。

秘密在十三宮垣

因為紫微斗數的主星排列與宮垣排列的數序是同出一理。

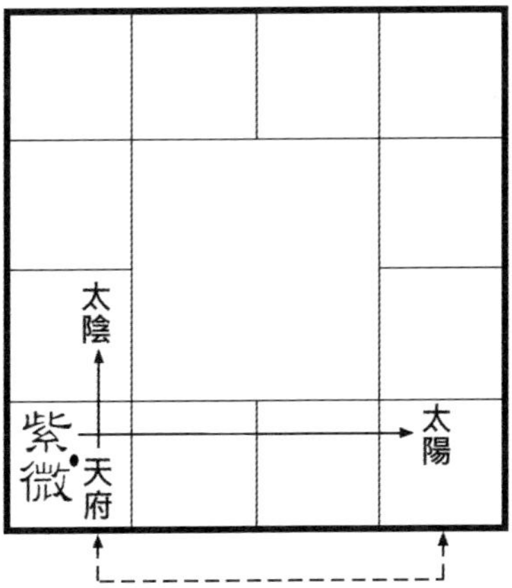

四主星定位圖

以下紫府在寅位的星系圖，
不難看出星曜的意義是從宮垣引申出來。
紫微斗數的立極點在寅位，
當紫微星系在立極點時，天府星系與其交會，
同時伸延到太陽星系及太陰星系的串聯。
星系及十二宮位的定位架構即呈現眼前，
其他盤式只是定位架構的變數，
但離不開這骨骼定位。

	5廉 官		
			6同 疾
			5武 財
1紫 命	2機 兄		4日 子

逆：紫微星系與太陽星系串聯的宮垣關係

4巨 田	5相 官	6梁 奴	7殺 遷
3貪 福			
2陰 父			
1府 命		3破 夫	

順：天府星系與太陰星系串聯的宮垣關係

星曜、宮垣、地支歸元

當命身紫府同宮時，全部在紫微斗數的開始定點寅位，星、宮、支歸元了。

演繹星曜的意義，其中的一種方式是由宮垣出發。

紫微星系，太陽星系逆行

第一位**命宮**寅位，紫微，官祿主，化氣為尊星，職位為帝皇。

如每個命盤，事主也有自己的皇朝，擔演皇帝的身份，皇朝如基業。

六合位置的對宮必見巨門，是潛伏在君主身邊的小人，

是明君或是受小人影響的君主，從這架構能尋找出來。

第二位是**兄弟宮**，天機，兄弟主，化氣為善星，職位為謀臣。

如皇朝中的兄弟，皇帝的班底。

必六合破軍，是為兄弟及夫妻親人的連繫。

六合位置的對宮必見天相，天機及天相也是扶助的星曜，

在現代來說，引申出找自己班底合作的意味。

第四位是**子女宮**，太陽，官祿主，化氣為貴星，職位為太子。
如太子、長子、男親、血脈、血嗣，也是貴氣的代表，明日之星。
必六合天府，是為男家與後輩親人的連繫。
六合位置的對宮必見七殺，當七殺攻陷天府時，也可以說太陽要面臨挑戰的時間。

第五位是**財帛宮**，武曲，財帛主，化氣為財星，職位為求財。
如軍隊出外打仗時吹起號角的情境，行動取財，身體力行，付出勞力。
必六合太陰，是為財蔭，有沒有家庭支持錢財的代表。

第六位是**疾厄宮**，天同，福德主，化氣為福星，職位為康樂。
如光祿寺卿，代表同體，身體的安康，亦是事主內部的運作。
必六合貪狼，代表心身是否安康，是禍是福由此得知。
六合位置的對宮必見府相朝垣，是群體結集之處，貪狼的長袖善舞，
因此很多時天同也有一套容易融入人群的交際手法。

第五位是**官祿宮**，廉貞，官祿主，化氣為囚星，職位為官吏。

如官差、政治、工作手段、次桃花如皇朝的政治婚姻。

必六合天梁，高貴或婢賤的身份地位代表。

天府星系，太陰星系順行

第一位**身宮**寅位，天府，財帛主，化氣為令星，職位為皇弟。

如二級皇帝、國家的庫房、鎮國之星。

第二位是**父母宮**，太陰，田宅主，化氣為富星，職位為母親。

如皇妃、女親、後宮，代表孕育。

第三位是**福德宮**，貪狼，禍福主，化氣為桃花，職位為外交。

如外交官，主慾念，目的，是解厄之神，福禍集中一身。

第四位是**田宅宮**，巨門，田產星，化氣為暗星，職位為宦官。

如宦官，主是非，刻剝之神。亦是主田地、陰宅、陰陽門的分界位置。

第五位是**官祿宮**，天相，官祿主，化氣為印星，職位為承相。
如承相、爵位，承上接下，依法執行任務。

第六位是**奴僕宮**，天梁，父母主，化氣為蔭星，職位為清官。
如民間地方官，貴氣程度，代表被蔭蔽或蔭蔽他人，如長者蔭蔽他人，
抱私財益與他人之說。

第七位是**遷移宮**，七殺，成敗主，化氣為將星，職位為將軍。
如風憲，代表衝擊、挑戰。

逆三位是**夫妻宮**，破軍，消耗主，化氣為耗星，職位為士兵。
如軍隊中的士兵、附屬者、晚輩，代表擊破。

以上的星曜意義，不難在古書或坊間書本看到，但本質來由現在分明。

宮垣逆數及地支順數是前往的時間，所以
紫微星系如命宮的數序（定生月後逆數出生時辰定命宮），逆行逆排。
天府星系如身宮的數序（定生月後順數出生時辰定身宮），順行順排。

	5 廉官		
			5 武財
1 紫命			

			6 同疾
	2 機兄		4 日子

	5 相官		7 殺遷
3 貪福			
1 府命		3 破夫	

4 巨田		6 梁奴	
2 陰父			

由寅位來發展的紫微及天府星系

各自在不同的單數位置，

1為虛數，不設數值，

5數重複在午位乾卦極位之上，

如火土五行及水土五行共存之理。

而太陽及太陰星系

亦各自在不同的雙數位置排佈，

形成完整的星盤圖。

紫微與天府的定局關係

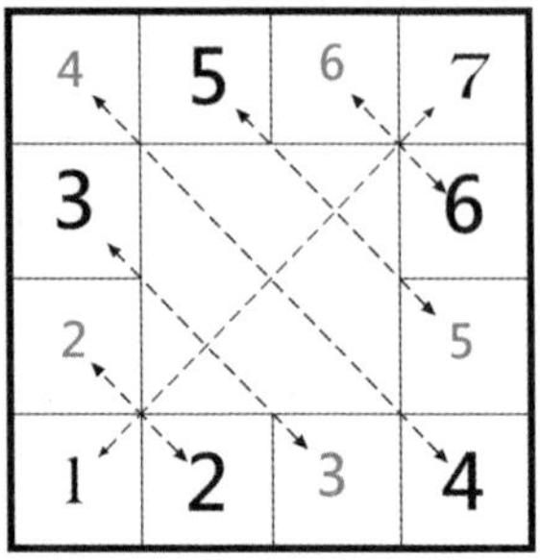

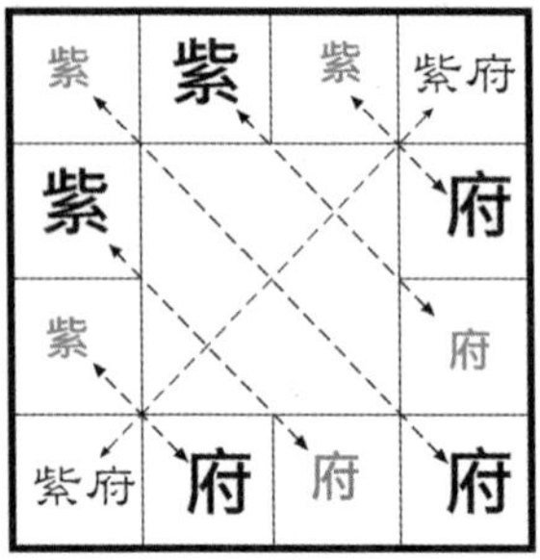

紫微與天府的定局關係，猶如命身宮分佈一樣，只是表述不同。

紫府寅申局＝命身同宮＝1數。

紫殺巳亥局＝命宮紫微，遷移宮天府或命宮天府，遷移宮紫微＝加減7格宮的七數。

紫貪卯酉局＝命宮紫微，夫妻宮天府或命宮天府，福德宮紫微＝加減3格宮的三數。

紫破未丑局＝命宮紫微，福德宮天府或命宮天府，夫妻宮紫微＝加減3格宮的三數。

紫貪午子局＝命宮紫微，官祿宮天府或命宮天府，財帛宮紫微＝加減5格宮的五數。

紫相辰戌局＝命宮紫微，財帛宮天府或命宮天府，官祿宮紫微＝加減5格宮的五數。

仍然離不開立點之後加減1、3、5、7的分區。
即是0度、30度、60度、90度、120度、150度、180度，
也是易卦定點後平衡擴張的狀態。

紫微星系及太陽星系是陽星系
紫微星系＝紫微，廉貞，武曲，三爻。陽中之陽。
太陽星系＝天機，太陽，天同，三爻。陽中之陰。

天府星系及太陰星系是陰星系
天府星系
天府，天相（府相平射必定是貪狼對宮），三爻。陰中之陽。
七殺，破軍，貪狼，三爻。陰中之陽。

太陰星系＝太陰，巨門，天梁，三爻。陰中之陰。

這紫府的平衡定局，不難看得出亦是出自寅位立極左右擴展的五行局數概念。

北斗星系、南斗星系、中天星系的變數

北斗星系

紫微、貪狼、破軍、武曲、廉貞、巨門。

文曲。

擎羊、祿存、陀羅、左輔、右弼。

南斗星系

天府、天機、天相、天同、天梁、七殺。

文昌。

天魁、天鉞、火星、鈴星。

中天星系

太陽、太陰。

化祿、化權、化科、化忌。

天馬、天喜、龍池、鳳閣、天哭、天虛、孤辰、寡宿、劫煞、華蓋、空亡。

恩光、天貴、三台、八座、台輔、封誥。

天壽、天才。
天官、天福。
天傷、天使。
天刑、天姚。

很多人不知道北斗、南斗及中天星系設立的來由，
我派斗數早以流傳訣竅在定位架構上，
南北斗星系的星數基本上是相同的，只是各自在不同的定位吧！

北斗星系由紫微帶領五顆定位架構的星曜：
貪狼、破軍、武曲、廉貞、巨門。
文曲是由時辰來排列的星曜。
祿存、擎羊、陀羅是由年干一位定三顆星位置。
左輔、右弼是由月份來排列星曜。

南斗星系由天府帶領五顆定位架構的星曜：
天機、天相、天同、天梁、七殺。
文昌是由時辰來排列的星曜。
天魁、天鉞是由年干一位定兩顆星位置。
火星、鈴星是由年支及時辰來排列星曜。

中天星系由太陽、太陰帶領四化及不同種類的雜曜及神煞。

北斗星系，紫微1、廉貞5及武曲5的星系是定位架構，
在其他盤式時（紫微在不同的地支位置），貪狼3及破軍3是變數，

但仍然同在陰或陽格數內。

紫微1六合的對宮可見巨門4。

南斗星系，天府1、天相5、天梁6及七殺7的星系是定位架構，在其他盤式時（紫微在不同的地支位置），天機2及天同6是變數。

天府1與天梁6的排列，猶如紫微1見巨門4的排列情況。

紫微1第四格永遠是太陽4。

天府1六合宮永遠是太陽4，因此得4數。

天府1後一位永遠是太陰2。

北斗星系3是變數，南斗星系2及6是變數。

4及5數是中間數，是南北斗星系同時存在及相通的，亦是隱藏了中天星系。

北斗星系，缺2變數及6變數。
南斗星系，缺3變數及4變數。
缺少了中天星系也難串聯及得到齊全的平衡數。
因此南北中天星系需要與中天星系串聯合併，命盤才可健全。

命主、身主的設立

命身主星曜的設立，古書早已留下線索。

其實只要明白上文的變數程式，

命身主與南北斗星系的星曜數序是相同的。

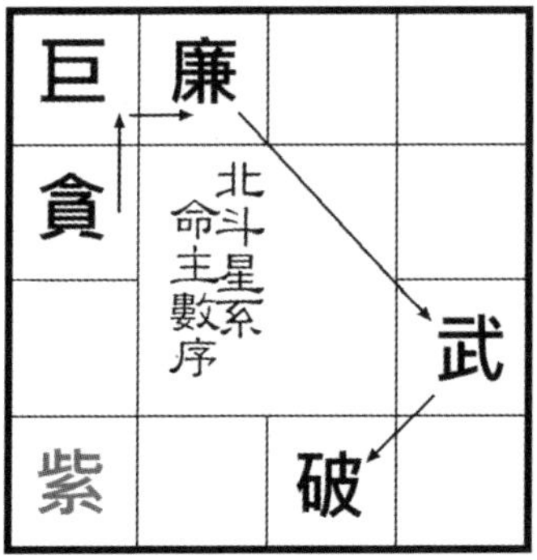

命主的星曜排列數序是：貪狼、巨門、祿存、文曲、廉貞、武曲、破軍。

由貪狼定位，順逆右左排出五星，星曜數序是不變。

古書也刊出貪1、巨2、祿3、曲4、廉5、武6、破7的星數。
而祿存及文曲無定位，如前文所說，不列入命主星圖的定位架構上。

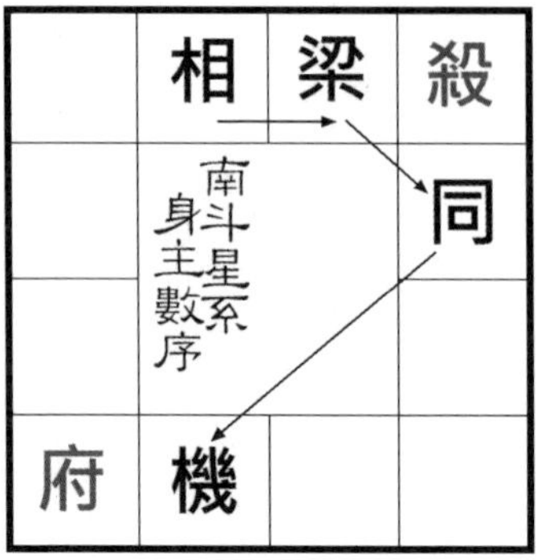

身主的星曜排列數序是：
鈴星ㄧ火星、天相、天梁、天同、文昌、天機。
由天相定位後，順逆排出四星，星曜數序是不變。
古書曾刊出相2、梁3、同4、殺5、昌6、機1的星數。
而文昌、火星、鈴星與命主系列的祿存及文曲一樣無定位，

天府與七殺是1與7對沖位，
如前文所說，不列入身主星圖的定位架構上。

我派斗數，命身主同樣是以年為基礎起出，能配合風水運用，
非坊間命宮起命主，年支起身主之說。

由此可知北斗星系的紫微帶領北斗星及命主，
南斗星系的天府帶領南斗星及身主，
紫微及天府如五行局的寅位定點不設數值。
南北斗星系的建立與星曜變數有關，
歷代無論是以紫府星系、南北斗中天星系、四主星系來分區。
亦如前文所說，出自於寅位易卦納音的中爻，來擴展五行局平衡數，
重視定位架構的概念來設立的。

*注解：定位架構的星曜＝當紫微坐落某十二地支時，必是定位排列的星曜。

總論

從本篇全文可見，紫微斗數的建立原理，
是以實星太陽、月亮、地球產生的月相概念農曆作起點。
納甲年干定卦體。
與易卦相配的納音五行。
寅定數位，在納音中元易卦中爻擴展。
年體日用，月時分區。
星、宮、支的數序同出一源，在平衡數中引申變化。
利用唯心皇朝論來推演世事，非某神煞某四化獨斷之法。

現在已公開我派斗數部分的建立原理，明悟者必能走入真正門檻。

至於紫微斗數另一方面的核心是星曜四化，筆者早在舊著作略解（《第三者》一書）。
後來引起同好注意及後學者認同，也算是對學習紫微斗數者有幫助。

而想進一步了解四化，可以先留意古人的論説，例如：

古書有云：論生年干挾火而化。

「挾」有夾住的意思。

紫微斗數以生年干來定出命盤，生年干在十二格的排序，是以天干五合的雙數來挾定納音五行。找出盤內納音火是什麼干支的組合，便知道用什麼四化了。

為何要找納音火？

甲己年遁丙寅，乙庚年遁戊寅，丙辛年遁庚寅，丁壬年遁壬寅，戊癸年遁甲寅。

寅位的第一位數序是甲年生人，甲年遁丙寅是納音火，

因此可以說看見納音定位，便可以知道是什麼年份生人，
也可以說，無論是哪個年份出生者，
在命盤十二格中找出納音火的位置，便可知要用什麼年份的四化了。

例如丙申納音火，
陽男陽女即是丙年生人，用丙干生年四化。
陰男陰女即是辛年生人，用辛干生年四化。

「論生年干挾火而化」，亦是古人強調用五虎遁，納音五行齊全的重要性，
而當中亦有更深入的意思，筆者已傳授給門人，待日後有機會公開。

紫微斗數是以活生生的日月曆法，易卦的架構為基礎，
易數化五行，皇朝論化星辰，來比喻及引申配合世間萬事萬物。
省卻繁複的起盤資料核對，
只要事主提供的出生資料正確，可白手起盤，屈指一算，
便心中有數，即時批斷出來。

過往筆者曾在不同場合，
在眾目睽睽之下，電光火石之間……
天盤紫微飛動，地盤天府穿引，
人盤宮垣流轉，
斗轉星移間，吐出論斷條文。

續緣

夢醒時分

續緣。夢醒時分

戊戌土犬年某個昨晚月圓來臨之時，
早上醒來睡眼惺忪，
感覺如冬天的冷，陽光的暖，同時出現。

昨晚容許我發夢，走上夢想成真之路。

在晴朗藍天，四處無雲，紅葉斜落，
過往無數片段湧現的時候，
這坊間失傳已久的紫微斗數學說，
在夢與醒之間的第十本著作中糾纏，斗數功能盡顯。
踏着從前尾巴，同時也留下你與我日後回憶的印記。

三聯書店
Joint Publishing (H.K.)
丙申火猴年
玄來運到生肖運程
日期：2月21日(星期日)

www.uonlive.com

愛閱讀
擁未來
小說、傳記、投資、散文、相集、遊記、食譜、繪本、年報、工具、歷史、哲學、宗教...

元朗
廣場

LEE KUM KEE

天翼 玄學家

斗數神算

謝
謝。

拾紫斗玄月亮說

作者
天翼

編輯
梁美媚

美術統籌及設計
Amelia Loh

美術設計
易達華/ Circle Design Ltd.

出版者
圓方出版社
香港鰂魚涌英皇道1065號東達中心1305室
電話：2564 7511
傳真：2565 5539
電郵：info@wanlibk.com
網址：http://www.wanlibk.com
http://www.facebook.com/wanlibk

發行者
香港聯合書刊物流有限公司
香港新界大埔汀麗路 36 號
中華商務印刷大廈 3 字樓
電話：2150 2100
傳真：2407 3062
電郵：info@suplogistics.com.hk

承印者
美雅印刷製本有限公司

出版日期
二零一八年七月第一次印刷

ISBN 978-962-14-6736-2